Achim Schwarze

Dünnbrettbohrer in Bonn

Aus den Dissertationen unserer Elite

Eichborn Verlag

Goethe: »Getretner Quark wird breit, nicht stark«

(West-Östlicher Divan)

Schwarze: »Wer soll das wegwischen?!«

Fotos: dpa

CIP-Kurztitelaufnahme der Deutschen Bibliothek
Achim Schwarze
Dünnbrettbohrer in Bonn: aus d. Dissertationen
unserer Elite / Achim Schwarze. — Frankfurt/Main:
Eichborn 1984
    ISBN 3-8218-1031-9

Von November 1985 bis August 1987: 10. Auflage

© Vito von Eichborn GmbH & Co. Verlag KG, Frankfurt am Main, November 1985 · Co-
ver: Uwe Gruhle unter Verwendung einer Zeichnung von Jürgen von Tomêi · Gesamther-
stellung: Fuldaer Verlagsanstalt GmbH · ISBN 3-8218-1031-9 · Verlagsverzeichnis schickt
gern: Eichborn Verlag, D-6000 Frankfurt 70.

Inhalt

Herzlichen Dank an:

Helmut, Norbert, Friedrich, Franz-Joseph, Heiner, Martin, Rainer, Manfred, Otto und Christian. Hättet Ihr es nicht so weit gebracht, würde niemand dieses Buch kaufen.

Alle Wähler der CDU und FDP: Wie sagt Dr. Helmut Kohl so treffend: »Man steht voller Bewunderung vor der Weisheit des Wählers« (Die Zeit, 30.12.1983). Ohne Ihre mir unverständliche Fehlentscheidung hätte es nie eine Pappnasen-Koalition gegeben, mit der so viele Autoren so gutes Geld verdienen. Meine Bitte: 1987 — schon jetzt im Kalender anstreichen — bitte für Rot-Grünes Chaos stimmen. Dann kann ich mir deren Doktoren vornehmen und lukrativ verreißen!

Norbert Troche: er hat sie alle gelesen, korrigiert, er hat mich beraten, sich vier Wochen lang mit mir nur noch in einer Geheimsprache aus Elite-Zitaten unterhalten und die Vorformen des Manuskripts fünfmal, die Zitate sogar siebenmal lesen müssen. Es hat ihm nichts gebracht: sein Honorar geht für eine ärztliche Behandlung der Schäden drauf.

Evelyn Thomas: sie hat alle Zitate abgetippt, und es ist ihr trotzdem nie ernsthaft schlecht geworden.

Petra Heymann: hat sich Bonn und Köln vorgenommen und den Doktormacher beim Doktorzerreißen abgelichtet.

Sigi und Anneliese: haben die Münchner Uni durchkopiert.

Eugen Pletsch: opferte sich für Marburg.

Der Doktormacher

Ich hatte ein ungutes Gefühl bei diesem Auftrag. Aber meiner verwöhnten Affäre aus ausgesprochen besserem Haus konnte man nicht allein mit »nett« und »ausgefallen« kommen, da mußte schon echtes Geld als Werkzeug her. Und wenn man sie gerade braucht, scheinen die größeren Banknoten grundsätzlich ihren Jahresurlaub genommen zu haben.

Was Deutschmark betraf, kannte mein Kunde allerdings keine Lieferschwierigkeiten. Und was ich ihm im Austausch dafür leisten sollte, war für mich kein Problem: eine Doktorarbeit über die aufregende Frage des Rechtsvergleiches von Wehrdienst und Ersatzdienst.

Ein Routine-Doktor, aber leider ein Klient, der mir nicht zusagte. Sein Vater war hauptamtlich hohes Tier irgendwo — genauer möchte ich hier nicht werden -, der Herr Sohn ein Versager vor Gott, aber nichtsdestoweniger eingebildet. Eine ganz hervorragende Doktor-Arbeit wollte er da unbedingt aufs Papier geworfen haben, am liebsten »magna« oder gar »summa cum laude«. Und nur Erfolgshonorar, bei Nichtgefallen Geld zurück.

Das war gedacht als Abschluß einer elite-deutschen Bilderbuchkarriere: Familie siehe oben, Gymnasium — der Durchfaller — , daher Eliteinternat am Bodensee — das schafft jeder — , Abitur »naja minus« trotz Spende an das Institut. Ein alter Studienkamerad — schlagende Verbindung — von Vati ist drittklassiger Professor an einer dieser süddeutschen Provinzunis, an die man eigentlich nur zur Strafe geht, und unser Klient rutscht in Jura rein, besteht mit alle Augen zugedrückt und spinnt jetzt auf einen Doktor. Hat er den gebaut, wird Vati schon für einen Posten sorgen. Und wie stolz wir sind.

Mit kooperieren hat er's nicht, klar, aber er zahlt 1.500.- an für Recherche und Exposé. Er verschwindet nach drei Stunden Verhör aus der neutralen Wohnung, in der wir uns trafen, und läßt eine Lagerfeld-Spur vom Wohnzimmer bis zur Tür mit einem Knoten vor dem Spiegel im Flur zurück.

Wehrdienst, Kriegsdienst, Ersatzdienst. Das Thema ist so unglücklich wie ich mit dem Job. Ich schicke Ulli, meinen Rechercheur, in die Bibliotheken, mal sehen, was er ausgräbt. Selbst entwerfe ich schon mal die grobe Gliederung und denke darüber nach, wie wir unseren Kunden handhaben können, so daß er trotz Gegen-die-Wand-gelaufen einigermaßen überzeugend den Doktoranden simulieren kann. Das ist überhaupt das Kernproblem jeder Doktorarbeit, die man für andere schreibt. Aber die mindestens 10.000.- Mark, die hereinkommen, würden mich auch überreden, auf 140 Schreibmaschinenseiten mit 478 Zitaten und 170 Literaturangaben sowie einem prallen Anhang und unzähligen unnötigen Fußnoten über das Thema »Die Trockenheit des Staubes im Lichte der frühen und mittleren Staubforschung Ostamerikas« zu promovieren. Im Auftrag.

Eine gute Woche später kommt Ulli angeschneit, aber ohne die üblichen 10 Kilo Photokopien unter dem Arm. »Können wir vergessen, diesen Krieg-und-Frieden-Quatsch. Ist schon abgefeiert worden.« Katastrophe, gibt's schon! Die Promotions-Ordnung schreibt vor, daß jede Doktorarbeit ein »Fortschritt für die Wissenschaft« sein soll. Was zwar eher nie als selten zutrifft, aber dasselbe Thema zweimal wäre eben leider doch zu plump.

»Wer war das?«

»Irgendsoein Geißler, 1960«, merkt Ulli an.

»Daß er so einen prominenten Namensvetter hat, ist doch kein Grund, uns das Thema zu klauen!«

Ich bin ehrlich sauer, mindestens 7 Stunden umsonst gearbeitet, plus 3 Stunden Sitzung mit dem Studiosus, und Ulli macht auch keinen Handschlag gratis.

»Sogar den Vornamen teilt er mit **dem** Geißler: Heinrich!«

»Ich sterbe, wenn das am Ende sogar **der** Geißler ist.« Also muß Ulli wieder in die Staats-Bibliothek und sich im »Who is who« kundig machen, während ich mit meinem Klienten telefoniere, wir müssen schließlich das Thema abändern oder sogar schmeißen.

Dann blättere ich das Machwerk durch: »Das Recht auf Kriegsdienstverweigerung nach Art. 4 Abs. 3 des Grundgesetzes.« Was dieser Heinrich Geißler da schreibt, ist einfach unter aller Kritik. Ein immergrüner Schmonzesbaum, an dem so viele schwere Stilblüten prangen, daß die Äste wie bei einer Trauerweide hängen, bis zur gelegentlichen Bodenberührung. Ich traue den Wende-Mannen eine Menge zu — oder besser: nicht zu — , aber das...

»Issers?« Ulli nickt. »Was denn, der originale Geißler? Der Goebbels-Geißler? Familien-Geißler? General-Geißler? Mietenlüge, Rentenlüge, Qualifizierungsoffensive?« »Genau der!«

Ich lese Ulli ein paar Stellen vor: **Der Gewissensruf ist immer eindeutig. (Es) kann den Menschen unter Umständen zerbrechen, wenn er dem Gewissensruf nicht folgt. Stellt sich z.B. heraus, daß sich (der Mensch) nur im Zweifel befindet, was er tun soll, so liegt ein echtes Gewissenserlebnis bei ihm nicht vor. In ergreifenden Worten hat die Dichtung aller Zeiten den vom Gewissen gejagten Menschen geschildert, der vor sich selber flieht, obwohl ihn niemand verfolgt, der sich versteckt, obwohl ihn niemand sucht, der sich straft, obwohl ihn niemand anklagt.** Wir bogen uns vor Lachen den restlichen Nachmittag. So ist er also Doktor geworden, unser Heiner, 30 Jahre jung, Dr. jur., wirklich nicht zu glauben. Und noch weniger zu glauben: So einer hat's geschafft, ganz nach oben zu kommen! Einer der Führer unseres Volkes, und das sollten ja eigentlich die Besten von allen sein, die Elite eben.

Überhaupt Elite: davon reden die geistlos-moralinen Brüder doch pausenlos. Und gefördert müßte sie werden. Da stellt Nicht-

Doktor Hans-Dietrich Genscher fest: **Dieses Land braucht wieder eine geistig-moralische Elite.** Und mit Elite meint er sicherlich nicht diesen vielbeworbenen Schlankmacher-Joghurt mit dem Plastikbecher-Geschmack, der nur deswegen nicht ansetzt, weil er in der gnadenlosesten Mogelpackung vermarktet wird. Wenn die Bonner Elite heute die Elite fördern will, so geht es um den Führungsnachwuchs. Dr. Helmut Kohl: **Wir brauchen im Hochschulbereich und in der Gemeinschaft Leute, die bereit sind, durch ihren Leistungswillen und durch ihr Durchsetzungsvermögen auch andere mitzureißen. Ich hoffe, daß uns in diesem Sinne eine gemeinsame Definition von Leistungselite gelingt.** Mit Elite gemeint und somit heute förderungswürdig sind Typen wie seinerzeit Kohl, Zimmermann, Geißler, Wörner, Blüm, Schwarz-Schilling, Bangemann und all die anderen, die es dann später, höhere Bestimmung ist höhere Bestimmung, zu reichlich was gebracht haben. Dr. Alfred Dregger: **Fleiß, Genauigkeit, Ordnungssinn, Konzentrationsfähigkeit, Beharrlichkeit, Fähigkeit zum selbständigen Arbeiten und Leistungswillen. Ein Abweichen hiervon ist eine Schweinerei sondergleichen, gegen die wir Front machen werden.** Glücklicherweise sind Elite-Qualitäten unausrottbar wie Unkraut, das gilt besonders für die erblichen und die filzbedingten.

Dr. Kohl: **Wir müssen immer eine Nuance besser sein, mehr in die Forschung investieren als die anderen, das Prinzip der Leistungselite rundum bejahen und vielleicht auch etwas früher aufstehen als die anderen.** (Westdeutsche Allgemeine, 7.5.1984) Wer berufen ist, der überspringt sogar den Tellerwäscher und wird direkt z.B. Beratungs- oder Bestechungsmillionär.

Aber auch Elite wird selten heißer als lau gegessen, nie jedenfalls bei Kochtemperatur. Und der Titel, mit dem die gehobenen Stände so gern ihren Namen schmücken, ist meist so sehr über die eigentlichen Verhältnisse seines Besitzers, wie die fünfeinhalblitrige Aufschneider-Corvette — Feueradlerabziehbild klebt auf der Haube — des schlichten Proletariers. Man hat's ja, sagt die Rolex

8

an Lieschen Müllers Handgelenk genauso wie die wuchtige Mahagoni-Bibliothek voll ungelesener Schinken im Herrenzimmer unseres Dr. Phil.

Wenn schon Geißler, immerhin einer der hellsten Koalitions-Chaoten, als Dissertations-Konsalik mit dem völlig neuartigen 12-Stunden-Denkschutz und kiloweise sprachlicher Spachtelmasse das Gewissen abfrühstückt, was wird dann erst wortbar, wenn meine Lieblingswürdenträger Wörner oder gar Kohl mit dummdenkerischen Doktor-Appeal ihr Gedankengut dem akademickrigen Schwatz einformen? Keine Frage, daß ich mir gleich die anderen Christen-Cracks besorgen ließ, die paar Dreipünktchenpartei-Doctores natürlich auch. So kommen sie daher, unsere Führer auf meinem chronisch unaufgeräumten Schreibtisch, mal bemüht, mal schwachsinnig, mal schwülstig, mal geschachtelt, fast immer jedenfalls so kleinkariert, daß man ein Elektronenmikroskop braucht, um überhaupt ein Muster zu erkennen.

Keine Achtung vor der Leistung unserer Leistungsträger? Der kleine Moritz stellt sich die Sache ohnehin viel zu schwierig vor: Doktor-Arbeit, da ist Ehrfurcht angesagt. Da muß man richtig klug sein, Elite eben. Und wo wäre die Welt schließlich ohne sie, ohne Dr. Mabuse, Dr. Schiwago, Dr. Jekyll und Dr. Kohl?

Kein Respekt vor der Doktorwürde, aus Neid vielleicht, selbst nicht dazuzugehören? Eigentlich nicht. Denn ich habe es trotz nie studiert und nur schlapper Mittlerer Reife zu bisher fünf Doktortiteln gebracht, nicht bei Kollege Konsul Weyer in Paraguay mit Treue-Rabatt gekauft, sondern ehrlich erschrieben. Trotzdem darf ich keinen der imposanten Titel selbst führen, ich habe sie für meine Klienten ergrübelt und erschwafelt.

Das muß doch schwierig sein? Stimmt, besonders die Aufgabe, glaubwürdig schwachsinnig zu doktorieren. Schließlich wird die Arbeit von meinem Klienten »geschrieben«, und wenn er ein Dünnbrettbohrer ist — sie sind es alle —, dann können wir nicht mit Klasse daherkommen. Der Rest ist dann weniger schwer:

9

Der Doktormacher

10

Erstmal Thema schwammig skizzieren. Der Studiosus rennt stolz zu seinem Doktorvater und bekommt dessen Okay. Dann mache ich den definitiven Entwurf. Aber Vorsicht: gleich mit vernünftiger Konzeption können wir unseren Mittelmäßling nicht zu Herrn Professor schicken. Da müssen wir ein bißchen Unsinn einbauen. Glaubwürdigkeit! Der Doktorvater muß auch was zu meckern haben.

Ulli besorgt die Literatur über die Bibliotheken, je mehr desto besser. Für große Kopiernachmittage habe ich eine dauerabgebrannte Studentin engagiert. Je nach Fachbereich ziehe ich noch einen Studenten hinzu, der im Brainstorming wichtige Fragen zum Thema entwickeln hilft. Dann werden die Fotokopien von mir höchstselbst quergelesen, 500 mögliche Zitate angestrichen. Auch der arme Ulli und der freischaffende Studiosus müssen da durch. Meine Sekretärin arbeitet abends als Garderobenfrau und tippt in ihren Wartezeiten die Zitate in einen tragbaren Computer.

Nun fummle ich die Konzeption ein bißchen um, je nach Zitatenschatz, und schon fängt die Schreibe an. Im Computer werden die Bruchstücke flugs montiert und mit etwas tiefsinnigem Geschwafel verwissenschaftlicht: 10 Seiten Abgrenzung des Themas, 3 Seiten »was wir nicht schreiben«, 5 Seiten über unsere »Methode«, das Thema zu behandeln. 30 Seiten »wie die Konkurrenz es gesehen hat« und »wie wir das finden«, 30 Seiten »wie man es auch sehen könnte«, 15 Seiten »das ist es, was wir jetzt wissen«, 5 Seiten Ausblick, und dann Literatur, Literatur, Literatur.

Wir lassen kein fachsprachliches Klischee aus und kopieren auch ein paar Gedanken, die in den letzten Veröffentlichungen unseres Doktorvaters stehen. Tja, und das war's eigentlich schon. Regelmäßiges reichliches Fernsehen reicht als Vorbildung aus.

6 1/2 Wochen dauert das Wunderwerk, und wenn ich selbst länger als 60-70 Stunden damit zu tun habe, muß ich mich schon ärgern. Solcherlei Sorgfalt wird nicht honoriert.

Damit es nach ein bißchen »mehr« aussieht, rücken wir möglichst oft ein (eine Kunst, die Otto Graf Lambsdorff wie kein zweiter beherrscht!), machen dauernd Absätze und unnötige Überschriften. Riesiges Inhaltsverzeichnis und vor allem Fußnoten bringen auch ungeheuer. Sehr schön und besonders einfach ist das mechanische Abfeiern irgendwelcher Listen oder das Übernehmen (nach Veränderung der Reihenfolge!) irgendwelcher Zitatketten aus anderen Machwerken.

Ganz besonders stolz bin ich auf die hochmodernen Methoden, mit denen die fertigen Manuskripte verglaubwürdigt werden. Ein befreundeter Computerfreak hat ein kleines Tippfehlerprogramm geschrieben, das immer wieder mal einen auf der Schreibmaschine benachbarten Buchstaben statt des richtigen einsetzt (das erklärt auch die Tippfehler in diesem Buch).

Prima, im Kasten, kassieren. Eben nicht: jetzt muß der Klient noch auf seine »Mündliche« vorbereitet werden! Und genau da hatte ich recht mit meinem unguten Gefühl: Unser begiffsstutziger Elitist, der beim »Repetieren« immer schlau mit dem Kopf genickt hat, fällt mit Pauken und Trompeten mündlich durch, tolle Doktor-Arbeit, aber er konnte kaum einen zusammenhängenden Satz zu ihrem Inhalt und den Feinheiten sagen. Peinlich, peinlich, Schiebung kommt ins Gespräch. Alle sind aufgeregt, der Doktorvater ruft den Vater an, der Vater muß gestehen, der Herr Professor bekommt sehr kalte Füße. Kann man kein Gutachten besorgen — kaufen — von wegen Prüfungsangst mit Totalversagen des Doktoranden-Hirns? Und dann wollen sie mir an den Kragen, per Drohung telefonisch, und ich solle auf keinen Fall was sagen, und weg mit den Spuren, falls in der Sache wirklich ermittelt wird, und sein Name dürfe nicht fallen, und er kenne einflußreiche Leute, er würde mich auffliegen lassen, und überhaupt so jemand wie ich... Auf den Studiosus sei kein Verlaß, wenn der vor irgendeinem Gremium und unter Druck..., da wäre alles drin..., kurz: alles furchtbar. Am schlimmsten: sie zahlen die noch fälligen 5.000.— nicht!

Ich ziehe mich also einstweilen aus dem Geschäft zurück. Das war notgedrungen das Aus für den Doktormacher.

Was tun? Kein Geld, nichts gelernt, ziemlich arbeitsscheu und keine Ahnung. Wenn sich auf den einschlägigen Parties Freunde und Bekannte halb bewußtlos gelacht haben, wenn ich mit ein paar Zitaten rüberkam, warum sollte daraus nicht ein Buch entstehen? Daher nun kurz und schmerzhaft: aus den Dissertationen unserer Elite.

Alle Zitate in den folgenden Kapiteln sind fett gesetzt.

Dr. Helmut Kohl

Dr. Helmut Kohl

Ziemlich detailliert präzisiert

In ihrer schwülstigen Sprache

Die Pfalz beheimatet — soweit sich solche allgemeinen Feststellungen treffen lassen — einen fröhlichen und weltoffenen Menschenschlag, der viel Sinn für gesellschaftliches Zusammenleben und die Freuden der Zeit hat und dem dogmatischen Denken abgeneigt ist. (S. 48)

Doch behaftet sind die Pfälzer mit Aufschneiderei und Gernegröße: **Neben einem ausgeprägten Sinn für Toleranz besteht jedoch häufig ein allzu starkes und unangenehmes Selbstgefühl. In diesem »lautstarken« Auftreten hat auch der »Pfälzer Krischer« seinen Ursprung** (S. 48). Dieser Tarzan-Schrei der Kohl-Provinz scheint die einzige Schöne Kunst der Kanzler-Heimat zu sein: **Bei aller Aufgeschlossenheit und praktischen Intelligenz** - wenn's ums Abstrakte oder Denken geht, sind wir in der Pfalz auch ganz falsch — **haben die Pfälzer keine ausgeprägte musische Veranlagung.** (S. 48) Stell Dir vor, Kohl singt Wagner, und nur Hannelore und Teltschik gehen hin.

Kohl, Helmut: »Die politische Entwicklung in der Pfalz und das Wiedererstehen der Parteien nach 1945«. Heidelberg, 1958.
U 58.4033
(gleich ins reine geschrieben im Alter von 28 Jahren)

Trotz alledem ist diesem landsmannschaftlich so farbigen Land eine besondere Homogenität, wie sie andere deutsche Länder auszeichnet, versagt geblieben. (S. 148) Schade, denn die andernorts übliche bunte Einfarbigkeit hätten wir uns doch gewünscht, auch in der Sprache. **In ihrer schwülstigen Sprache und romantisierenden Betrachtungsweise lassen es diese Ausführungen freilich an evangelischer Klarheit fehlen und waren wenig geneigt, auf die von kalvinistischer Nüchternheit geprägten Pfälzer Protestanten zu wirken** (S. 104), schimpft unser katholischer Helmut über die landsmannschaftlich Andersfarbigen der Pfalz-SV (= Staatsbürgerliche Vereinigung), die nach Kriegsende gegen die CDU antrat. **Die Sprache ist verräterisch.** (Kohl im Südwestfunk, 12.11.1975). Er selbst spricht glasklar von ... **nach Kriegsschluß ...** (S. 2) und meint das Kriegsende damit, so wie Kohl mit »Friedensschluß« sicherlich den Kriegsanfang meinen würde. **So spricht auch das Communique ...** (S. 9) über z.B. ... **französische Waffentaten ...** (S. 22). Wobei der Enkel Adenauers nicht ganz sicher ist mit Patenonkel und Patentante: **Bei der Wahl dieser Bezeichnung stand möglicherweise — wenn dies auch nicht besonders zum Ausdruck kam — die Tatsache Pate, daß ...** (S. 33) Neben dem Patenstand der Tatsache bei der Bezeichnungswahl sei schließlich auf den ... **schmerzhaften Schnitt mitten durch das Wirtschaftszentrum Mannheim-Ludwigshafen hingewiesen** (S. 35), wo man sich doch gerade erst einen ... **umfassenden Katalog zu Fragen der Wirtschaftspolitik zugelegt...** (S. 157) hatte und wünscht, **die Verbreiterung der kleinen und mittleren Besitzschichten sollte hierbei auf Kosten übermäßig großer Eigentumsbildung gehen** (S. 86), ein Wunsch den er teilt mit einem ... **Kreis liberalgewonnener Männer** (S. 97), was auch immer das sein mag.

Nach Kriegsverlust und Kriegsschluß mußte der besatzende Franzose — **Die französische öffentliche Meinung war tief betroffen ...** (S. 19) — mit den undogmatisch unterbelichteten Pfalzopathen, ihrer »Sprache«, ihren Schreien und ihrem landsmannschaftlich so farbigem Mangel an allerlei Begabungen fertigwerden. Man schickte hartgesottene Profis: **Auch bei der**

Militärregierung selbst erschienen Offiziere mit »Pfalzerfahrung«. (S. 148)

Eine annähernd genaue Zusammenstellung der Todesopfer

Eine spezifisch christliche Politik, die die kirchlichen Bekenntnisse nicht berührt, ist daher im allgemeinen nicht möglich. Sie ließe sich nur dort denken, wo der Gegensatz von christlich und nichtchristlich eindeutig wahrnehmbar ist ... (S. 78) Also berühren wir das kirchliche Bekenntnis und weisen damit nach, daß in der Pfalz niemand imstande ist, christlich und nichtchristlich eindeutig zu unterscheiden. Um das verstehen zu können, rüstet Pfalzmann Kohl zu einer Expedition durch Zeit und Raum: **Bei der Betrachtung des politischen Lebens in der Pfalz erscheint es notwendig, einen Blick auf die Traditionen und politischen Gegebenheiten dieser Landschaft zu werfen.** (S. 47)
Man mußte sich was einfallen lassen in der Pfalz, die **... in ihrer heutigen Gestalt ein Ergebnis** der offenbar landschaftsgärtnerisch so wichtigen **napoleonischen Kriege ist.** (S. 47) Warum? **Um der katastrophalen Kassenlage der Provinz abzuhelfen ...** (S. 45) Und schlimmer: **Die Ernährungsschwierigkeiten waren ungeheuer angestiegen** (S. 30), **... insbesondere die Ernährungslage in den deutschen Kriegsgefangenenlagern ...** (S. 45) **Die alles beherrschende Aufgabe war die Sicherung der Ernährung.** (S. 45) **Die einheitliche Forderung der Parteien galt der Verbesserung der katastrophalen Ernährungslage.** (S. 139) So **... beschäftigte sich der überparteiliche Ausschuß in gemeinsamen Sitzungen mit der Provinzialregierung hauptsächlich mit der auch weiterhin sehr kritischen Ernährungslage** (S. 62) und kaute **... auch tagespolitische Fragen wie das Ernährungsproblem ...** (S. 81) durch. **Die Gründer der politischen**

Parteien in der Pfalz nach dem Zusammenbruch 1945 konnten kaum die spätere Entwicklung voraussehen, ... (S. 161): (Kohl, Die Zeit, 12.11.1982:) **Unsere jungen Leute sind nur hungrig, wenn sie am Donnerstag nichts essen dürfen, weil sie in der Schule geröntgt werden.**

Auch der Groschen der Vergangenheitsbewältigung brauchte zum Fall besonders lang im Falle Pfalz, aber dann war **... in dem langsam aufdämmernden Bewußtsein, mehr oder minder einem verbrecherischen Regime gedient zu haben, (...) durch die Tatkraft und den Wagemut einer kleinen Schar von beherzten Männern und Frauen, (...) eine erste Basis für den materiellen und geistigen Wiederaufbau (...) geschaffen worden.** (S. 44) Trotz des undogmatischen Pfalz-IQ (ein weiteres Problem neben der katastrophalen Kassen- und Ernährungslage) kamen die Macher des Wiederaufbaus zu unpfälzisch klugen Einsichten: **Man war sich bei diesen Treffen darin einig, daß nach dem Zusammenbruch des nationalsozialistischen Regimes auch von deutscher Seite aus »etwas geschehen müsse.«** (S. 28) Nur was? Erstmal nichts und abwarten, Hauptsache gemütliches Beisammensein: **Im Mittelpunkt dieser ersten politischen Versammlungen in der Pfalz überhaupt standen meistens Erlebnisberichte aus den nationalsozialistischen Konzentrationslagern.** (S. 112) Reichlich Konzentrationslagerfeuerromantik und nette Anekdoten zum Thema: »Mein schönster Tag in Buchenwald«. Zum Menscheln gibt es manchen Grund: **Innerhalb der Parteien ließ sich eine gewisse »Camaraderie« feststellen, das gemeinsame Erlebnis in der Emigration und im Konzentrationslager, die frühere Zugehörigkeit zur gleichen Partei, die gemeinsame Mitgliedschaft in einer studentischen Verbindung und auch die ehemalige Zugehörigkeit zum »gleichen Regiment« spielten eine große Rolle.** (S. 162) Schön war es doch, bei der schmissigen Burschenschaft Heidelbergia oder in Auschwitz. Wenn die Stimmung stimmt, kommt's auf Feinheiten nicht so an: **Eine annähernd genaue Zusammenstellung der Todesopfer (der KP ...) war nicht zu ermitteln.** (S. 112) Wahrscheinlich **... trat hierbei die undogmatische pfälzische Mentalität zu Tage.** (S. 160) Pfalz-Eigenschaft

18

Schlamperei ist sogar Flach-Denker Helmut aufgefallen: **Der Ord-nungszustand der genannten Archive und Nachlässe, die für die vorliegende Arbeit von Bedeutung waren, ist sehr schlecht. (S. XIX)** Aber tot ist sowieso tot und ... **die wirtschaftliche und sozia-le Struktur dieser Landschaft war für die kommunistische Ideen-welt nie besonders günstig. (S.** 110) Schade eigentlich, denn nur die Kommunisten waren allesamt vorbildliche Deutsche: **Mit Aus-nahme der KP (...) gab es in allen anderen Parteien einige wenige Persönlichkeiten, die — aus welchen Gründen auch immer — in dem Ruf der nationalen Unzuverlässigkeit standen. (S.** 151/152) Wer nun wissen will, wer das war und was das bedeutet, dem sei gesagt: Wir sind in der Pfalz, **Einzelinformationen wurden aller-dings nur unter der Bedingung der Nichtverwendung der Namen mitgeteilt. (S.** 152)

Eine spezielle pfälzische Note

Die politische und verwaltungsmäßige Entwicklung in der Pfalz unmittelbar nach dem Zusammenbruch 1945 eröffnete die Möglichkeit einer völligen Neuordnung dieses Raumes. (S. 159) Bei diesem Frühjahrsputz galt: **Religiöse Erneuerung und eine Po-litik aus wieder freigelegten Glaubensgrundlagen war das Ziel der pfälzischen CDU-Gründer, ... (S.** 161) Die rührigen Glaubens-Archäologen und ihre politische Erweckungsbewegung wußten: **Die moralische Autorität der Kirchen war nach dem totalen Zu-sammenbruch des Staates außerordentlich groß. (S.** 82) **Die Pro-blematik einer solchen christlich politischen Bewegung ist klar er-sichtlich, wie überhaupt das Verhältnis zwischen Religion und Po-litik seit dem Verlust der Einheit des Abendlandes problematisch ist. (S.** 78)

19

Zur Aufklärung der Bevölkerung sollte eine allgemeine Versammlungskampagne mit dem Thema »Wie können wir die Ernährungsschwierigkeiten lindern?« durch Redner der Parteien, der Gewerkschaften und der Bauernschaft durchgeführt werden. Die Geistlichen wurden aufgefordert, von den Kanzeln zur Erfüllung der Ablieferungspflicht aufzurufen. (S. 58) Mußte sein, denn auf Befehl der Besatzungsmacht war Anfang März 1946 eine öffentliche Anleihe aufgelegt worden, die zur allgemeinen Überraschung ein großer Erfolg wurde. (S. 61) Im Gegensatz zu Dr. Kohls Zwangsanleihe. Keine Frage, woran das lag: Die katholische Kirche verfügt mehr als irgendeine andere Institution über Traditionen, die wie überall auch im politischen Bereich gegenwärtig sind. (S. 79) Schließlich hatte man doch im Mittelalter, und das ist in der Pfalz noch nicht sonderlich lange vorbei, einschlägige Erfahrungen mit dem Ablaßgeschäft gesammelt.

Eine spezielle pfälzische Note läßt sich bei der Neu- bzw. Wiedergründung der Parteien in der Pfalz — wenn man von tagespolitischen Forderungen absieht — kaum erkennen. (S. 160) Doch bevor wir nun erleichtert aufatmen, sei gesagt: Typisch pfälzisch ist allerdings die Atmosphäre, in der sich die Beziehungen zwischen den Parteien abspielten, d.h. die zu beobachtende »Tuchfühlung« zwischen den Parteiführern. (S. 160) Wenn man sich intim aneinander reiben und dabei auch noch überlegen will, muß eine verträumte Sammel-Stelle her: Sammelpunkt dieser Überlegungen war das katholische Pfarrhaus. (S. 63) So wurden an diesem Punkt allerlei Überlegungen gesammelt. Und nun — wie auf zig seiner Doktorseiten — geht Und-dann-Erzähler Kohl detailliert ins Detail, mit Liste, wer dabei war und wer in welcher Funktion, die ganze Litanei der klitzekleinen Lokalmatadoren und Platzhirschchen, ein vereinsmeierisches Name-Dropping, das sich liest wie ein pfälzisches Honoratioren-Telefonbuch, ... ziemlich detailliert präzisiert; ... (S. 15): Er (der Domkapitular Dr. Zimmern, d.V.) berichtete, daß die Verhandlungen zwischen Ehrhart und Dr. Eugen Jäger in München und in einem Privathaus in Speyer geführt worden seien und daß man nach Abschluß des Vertrages anläßlich eines Besuches des Abgeordneten von Vollmar in Speyer bei einer Dombesichtigung auch auf diese Angelegenheit zu sprechen gekommen sei. (S. 50)

Die politische Tagesmisere

Die Gründung einer politischen Partei nach 1945 kann nicht als ein isolierter Vorgang abseits der politischen Tagesmisere (...) gesehen werden. (S. 80) Eine farblose Entschuldigung, die CDU als Pfuschlösung des miesen Tages zu verkaufen. Aber treffend, denn Die CDU bin ich. (Kohl, Saarbrücker Zeitung, 5.5.1984). Allerdings.

Die neue Partei sollte »christlich, deutsch, demokratisch und sozial« sein. (S. 64), dies neben dem Bekenntnis zum Berufsbeamtentum ... (S. 88) Und die Basis der neuen Partei sollte in der Gesinnung der Wähler liegen. (S. 64) Auch Wilhelm Heinrich Riehl beklagt das geringe Interesse des pfälzischen Volkes am geistigen Streben, ... (S. 48)

Detailliert präzisiert, referiert Kohl über die hochgewichtigen Aufgaben einer Partei, natürlich nur der modernen: Die Funktion einer modernen Partei erschöpft sich nicht nur in der Aufstellung von Kandidaten für parlamentarische Gremien, sondern richtet sich auch auf die Parteiorganisation selbst, auf ihre Ausformung zu einer handlungsfähigen und dauerhaften Aktionseinheit in den wirtschaftlichen, sozialen und kulturellen Bereichen, in denen sie beheimatet ist. (S. 109) Und wir hatten bisher irrigerweise gedacht, eine Partei vertrete ihre Wähler.

Zum Trost erfahren wir, daß es auch um die Parteien-Konkurrenz arg stand. So beschreibt Kohl die Staatsbürgerliche Vereinigung, ja genau, die mit der unevangelisch schwülstigen Sprache, als wichtigen Vorgänger heutiger CDU-Programmatik:

Die Position des SV lag vor allem in der Ablehnung der anderen Parteien begründet. (S. 105). Der heldische Koalitionspartner F.D.P. kommt etwas besser weg: **Der besondere Kampf der FDP gilt bis zur Gegenwart dem Kollektivismus in jeder Form, da er in besonderer Weise die Freiheit gefährde. Er richtet sich gegen: Vermassung, Mechanisierung, Bürokratisierung, Behördenknechtschaft, Apparathörigkeit, Planwirtschaft, wirtschaftspolitische Heilslehren, politischen Indifferentismus, politischen Nihilismus, Klassenkampf, Sozialismus und alle totalitären Bestrebungen. (S. 108) Aber: Gebunden durch den Individualismus ihrer Ideologie verharrten die liberalen Gruppen bei den aristokratischen Formen der Honoratioren-Partei.** (S. 101/102) Eine Krankheit, die auch in der CDU grassiert: **Bei den »bürgerlichen« Gruppen der CDU erhielten sich zunächst die alten Organisationsformen der Honoratioren- und Komitee-Partei ...** (S. 161)

Vorteil der Sprachkenntnisse

Hochinteressant Kohls Analyse der Tätigkeit der SPD: **Die Sozialdemokratische Partei der Pfalz nahm zu einer Reihe von Einzelproblemen sehr eingehend Stellung.** (S. 134) Dann werden die Kampfmittel der Rivalen verglichen: **Der sich für die CDU durch die Unterstützung katholischer Geistlicher bei einzelnen katholischen französischen Persönlichkeiten ergebende Vorteil wurde durch die in der Emigration in Frankreich gewonnenen Sprachkenntnisse und Kontakte einzelner Sozialdemokraten ausgeglichen.** (S. 159) Französische Pfaffen-Freunde gegen fließend Französisch: **Wir wollen den Sozialismus bekämpfen, zu Lande, zu Wasser und in der Luft.** (Kohl, Die Zeit, 30.12.1983) Kohl wird nun versöhnlicher: **Aber auch diese Parteien begnügten sich nicht mehr mit der Kandidatenaufstellung und der Durch-**

führung der Wahlkämpfe. (S. 161) Daneben nämlich ...: **Im Wahlkampf spielten bereits allgemeine politische Fragen eine Rolle.** (S. 138)

Um es auf den Punkt zu bringen: **Die vorangegangene Darstellung hat einen kleinen Abschnitt der pfälzischen Geschichte zum Gegenstand.** (S. 162) **Im Mittelpunkt dieser Arbeit steht die Gründung bzw. Wiedergründung politischer Parteien in der Rheinpfalz nach dem Zusammenbruch im Jahre 1945.** (S. II). Das sind die politischen Vorgänge nach 1945. **Eine solche Darstellung muß notwendig eine Betrachtung der politischen Vorgänge in diesem Raum einschließen, die gerade durch dessen Grenzlage ihre besondere Note erhalten.** (S. II) Interessant: eben dachten wir noch, es ginge eben um diese politischen Vorgänge, nun muß er sie nur einschließen. In was? In dummdeutsches Geschwätz, in Überflüssiges?

Dr. Kohl sagt es klar und deutlich, bar jeden Differentismus' oder Indifferentismus': **Der Bogen (...) umschließt alle Kreise.** (S. 129) Wenn ich ihn das nächste Mal treffe, muß er mir unbedingt eine kleine Zeichnung dazu anfertigen.

Warum dann diese Doktor-Arbeit? Da möchten wir ihn zum Schluß mit einem Satz zitieren, der für sich selbst spricht: **Da in der repräsentativen Demokratie das Schicksal eines ganzen Volkes in hohem Maße von der Qualität und Beschaffenheit der einzelnen Parteien und ihrer Repräsentanten abhängt, hat eine solche zeitgeschichtliche Untersuchung ihre Berechtigung.** (S. 161) In der Tat.

23

Der »Kohl« verschwindet

Abschrift Telefonat vom 3.6.1983 (wörtlich mitstenografiert)

> »Was den einen als gelungener Coup und brillante Satire erscheint, betrachten die Betroffenen als Diffamierung der Universität und ihrer Person«.
>
> Rhein-Neckar-Zeitung, 29.6.83

In der Rolle von Mitarbeitern des Bundeskanzleramtes beginnen »Dr. Fricke« und seine vorgeschaltete Sekretärin »Frau von Mönter« an einem Freitag, dem 3. Juni 1983, eine wundersame telefonische Expedition in diesem unseren Land. Erste Station ist Heidelberg, Rektorat der Universität.

Rektorat
Universität
Heidelberg: Ja, bitte?

von Mönter: Bundeskanzlei im Bundeskanzleramt, von Mönter, guten Tag!

Rektorat Uni
Heidelberg: Guten Tag!

von Mönter: Herr Dr. Fricke wünscht in dringender Angelegenheit Herrn Prof. Laufs zu sprechen.

Rektorat Uni
Heidelberg: Oh, der Rektor ist unterwegs zu einer LRK-Sitzung. Aber ich verbinde Sie mit dem persönlichen Referenten des Rektors, der Rektor ist nicht zu erreichen heute ...

von Mönter: Ja, das ist nett von Ihnen.

Rektorat Uni
Heidelberg: Herr Prof. Fricke möchte ...

von Mönter:	Herr Dr. Fricke...
Rektorat Uni	
Heidelberg:	...Herr Dr. Fricke, in einer dringenden Angelegenheit? ...
von Mönter:	Ja, in einer dringenden Angelegenheit.
Rektorat Uni	
Heidelberg:	Moment bitte ....
	— Vermittlung —
Schlie:	Ja, hallo ...
Dr. Fricke:	Fricke, Bundeskanzleramt, guten Tag!
Schlie:	Schlie, Rektorat, guten Tag Herr Dr. Fricke, ich bin der Referent von Herrn Prof. Laufs, Herr Prof. Laufs ist leider nicht da, der ist auf einer Fahrt zur Landesrektorenkonferenz nach Konstanz.
Dr. Fricke:	Ah ja ..., Herr Schlie, ich wende mich an Sie in einer sehr delikaten Angelegenheit, in der ich Sie aus diesem Grunde um ein äußerstes Maß an Vertraulichkeit bitten möchte. Der Herr Staatssekretär hat mich gebeten, in dieser Sache eigentlich mit Herrn Prof. Laufs in Kontakt zu treten bezüglich folgender Angelegenheit ...
Schlie:	Ja?!
Dr. Fricke:	An der Historischen Fakultät befindet sich die Dissertation des Herrn Bundeskanzlers zum Thema »Die politische Entwicklung in der Pfalz und das Wiedererstehen der Parteien nach 1945«. Nun liegen unserem Amt seit gestern gesicherte Erkenntnisse darüber vor, daß von seiten linksextremistischer studentischer Kreise der gezielte und wohl auch breitangelegte Versuch unternommen werden soll, anhand der Dissertation des Herrn Bundeskanzlers und weiterer Kabinettsmitglieder die Bildungspolitik der Bundesregierung publizistisch zu diffamieren. Ich brauche mich da wohl nicht im Detail verlieren . . .

Schlie: Eben!

Schlie, als Referent nicht richtig Elite, aber immerhin fast, hat schon verstanden — der Mann hat Zukunft, wie sieht's mal mit Beförderung aus — :

Schlie: Und was möchten Sie jetzt, daß wir sie also nicht
            herausgeben?!

Stimmt messerscharf! Soeben zum ehrenamtlichen Kanzlerhelfer aufgewertet kann Referent Schlie nun endlich — Chance seines Lebens? — all das wertvolle Wissen aus Spionage- und sonstigen Thrillern einsetzen, als hätte er nie etwas anderes getan.

Schlie: Aja, das können wir machen, also da, ich muß dann
              in Erfahrung bringen, wo die — äh — bei — den
              sich befinden, in welchen Institutionen.
Dr. Fricke: Also, die Arbeit müßte in der Historischen Fakultät
              stehen ...
Schlie: Ja?
Dr. Fricke: ... und das Datum der Dissertation ist 1959.
Schlie: 1959! Ja, aber die wird wahrscheinlich gleichzeitig
              noch in der UB sein, in unserer Universitätsbiblio-
              thek auch noch ...
Dr. Fricke: Da wären wir Ihnen sehr zu Dank verpflichtet, wenn
              Sie mit beiden Stellen ...
Schlie: Jaja, das machen wir, das machen wir gerne! Ja,
              wenn das mal nicht schon zu spät ist, nich!

Knapp vier Stunden später:

Wer zwecks Beschmutzung der Kanzlerehre oder aus einem anderen — dann aber sicherlich schwer erklärlichen — Interesse in der historischen Teilbibliothek der Uni Heidelberg Kohls wissenschaftliche Aufbereitung der »Politischen Entwicklung in der Pfalz« einsehen will, sieht sich bitter enttäuscht. War es der allgegenwärtige Bücherklau, der für die »erschreckenden Fehlbestän-

26

de« verantwortlich ist, von denen ein Aushang als Ergebnis einer Revision des Bestandes spricht, oder hat vielleicht irgendein Geisteskranker sich die Kohl-Devotionalie unter den Nagel gerissen?

Nein, diesmal geht's mit rechten Dingen zu im Historischen Seminar, dem Prof. Dr. Eicke Wolgast vorsteht. Dieser wackere Mann mit dem hübschen Doppeltitel, der der Meinung ist, »daß es in einer Situation, in der die hochschulpolitische, vor allem die Sicherung von Lehre und Forschung betreffende Lage der Universität ständig schwieriger wird, erfahrener Fachleute bedarf, die gewohnt und willens sind, Verantwortung zu übernehmen und wohlüberlegt zu handeln« und damit sich selbst als den empfehlenswerten Kandidaten bei der Senatswahl anpreist, dieser Prof. Dr. hat, sagen wir es so, ausgefallene Neigungen. Er ist Kohlleser, ja Kohlgenießer! Und gerade hat er, so steht handschriftlich auf einem kleinen Zettelchen, den Kohl »3.6.: Entnommen«, und weil der wirkliche Kenner nicht nur überfliegt, sondern sich seinem Lieblingsautor Wort für Wort und immer wieder im Lesegenuß hingeben muß, »kann« das schmale Bändchen »bis auf weiteres nicht entliehen werden. Prof. Wolgast.«

So blöd ist keiner? Da steckt doch nur dieser Schlie dahinter? Welch ungeheuerliche Unterstellung!

»Ganz anders stellt der Referent des Rektors die Geschichte dar. Er habe nichts zugesagt, denn dazu sei er auch gar nicht befugt, betont er. Aber der Universitätsbibliothek habe er Mitteilung gemacht und dort erfahren, alle Exemplare der Dissertation seien verliehen. Ohnehin sei das Verlangen abwegig gewesen, denn die Dissertation sei in der gesamten Bundesrepublik erhältlich. ›Selbst, wenn wir gewollt hätten, wir hätten nichts machen können.‹«

Rhein-Neckar-Zeitung, 29.6.1983

Gegen Abend desselben Tages ruft Dr. Fricke in vertraulicher Mission bei Prof. Wolgast an. Elite unter sich, da ist der Tonfall jovial.

Dr. Fricke:	Fricke, Bundeskanzlei im Bundeskanzleramt. Guten Abend, Herr Prof. Wolgast!
Wolgast:	Guten Abend, Herr Fricke!
Dr. Fricke:	Ich wollte mich bei Ihnen — auch im Namen des Herrn Staatsekretärs — für Ihre schnelle und unbürokratische Mithilfe bedanken!
Wolgast:	Oh, vielen Dank, das ist gerne geschen!
Dr. Fricke:	Ich nehme an, Herr Schlie hat Sie bereits darauf hingewiesen, daß diese Angelegenheit äußerst delikat und deshalb streng vertraulich zu behandeln ist.
Wolgast:	Ja, ich weiß, selbstverständlich. Ich sehe allerdings das Problem, die Arbeit langfristig zu entleihen.

Denn eigentlich müssen Dissertationen jederzeit zur Einsicht ausliegen. Aber zu jedem »Eigentlich« gibt es bekanntlich auch ein »Aber«. In unserem Falle allerdings kommt es nicht soweit.

Dr. Fricke:	Das ist auch nicht nötig. Uns wäre vollauf damit gedient, wenn Sie die Arbeit bis zum 15. Juni unter Verschluß halten könnten.
Wolgast:	Ich kann also zu diesem Zeitpunkt die Arbeit wieder zurückstellen?! Oder ist eine Rücksprache mit Ihnen in dieser Sache dann erforderlich?

Auf eine Rücksprache, das ist verständlich, möchte »Dr. Fricke« gerne verzichten. Nicht aber auf eine charmante Geste aus höchstem Hause.

Dr. Fricke:	Nein, eine Rücksprache ist nicht erforderlich. Ich werde mich allerdings, in Rücksprache mit dem Herrn Staatssekretär, darum bemühen, daß wir uns im Rahmen unserer Parteiorganisation für Ihre Mithilfe in der Angelegenheit erkenntlich zeigen. Sie werden dann zu gegebener Zeit von uns hören.
Wolgast:	Ach so, jaja, gerne geschehen.

»Daß alles erstunken und erlogen sei, meint Professor Wolgast vom Historischen Seminar, könne man nicht sagen. Er sei in der Tat gebeten worden, die Arbeit Kohls für einige Tage nicht auszuleihen, weil sie für eine Diffamierungskampagne benutzt werden solle. Er habe sie dann herausgenommen, um selbst einmal zu sehen, was eigentlich drinstehe.«

Stuttgarter Zeitung, 29.7.83

Bemerken wir den Klassenunterschied? Schlie wirkt eher pappnasig und grob, wenn er plump leugnet. Ein Amateur gegen einen solchen Feingeist wie Wolgast, der — und hier beweist er Eignung zu höheren Ämtern — Fakten nur verdreht.

Tags darauf, am Samstag dem 4. Juni 1983, versüßt Frau von Mönter unserem Referenten Schlie das Wochenende mit einer hocherfreulichen Nachricht.

von Mönter: Bundeskanzlei im Bundeskanzleramt, von Mönter. Guten Tag, Herr Schlie!

Schlie: Guten Tag!

von Mönter: Herr Dr. Fricke — er selbst ist leider durch eine Sitzung verhindert — hat mich beauftragt, Ihnen für die schnelle und unbürokratische Mithilfe in der Sache Dissertation des Herrn Bundeskanzlers zu danken. Bei Herrn Prof. Wolgast ist dies bereits geschehen.

Überrascht, doch geschmeichelt, stammelt der findige Referent den Lagebericht:

Schlie: Richtig! Also, so hab ich's gemacht, nich, und ich habe mich denn gleich an die höchste Instanz gewandt.

von Mönter: Absolute Diskretion ist im Falle von Herrn Prof. Wolgast gesichert?...

29

Schlie:	Also, da können Sie ganz sicher sein
von Mönter:	Ja?!
Schlie:	Ich habe, er ist der Leiter des Philo ... äh, des Historischen Seminars, und dann hab' ich noch mit dem Leiter des, äh, äh, äh, Politischen Seminars, Herrn Prof. Arndt, aber da lag die Arbeit gar nicht vor, also insofern, und ich hab dann auch nicht gesagt, worum es sich handelt, ich habe nur darum gebeten, ich hab nicht viel Erklärungen gemacht ...
von Mönter:	Mmmmh ...

Hat er das nicht brav gemacht, unser Schlie? Und natürlich mit der erforderlichen deutschen Gründlichkeit.

Schlie:	Und das gleiche bei der Universitätsbibliothek, da ist die Arbeit also auch erstmal, also zurück ..., äh, oder eingezogen worden, und denn so bis zum 15. Juni, worum mich Dr. Fricke gebeten hat.
von Mönter:	Ja? ...
Schlie:	Freilich sagte mir die Sekretärin des Bibliotheksdirektors Dr. Mittler, die war nicht, äh, er selbst war nicht da, das ist eine Frau, mit der ich gesprochen habe ..., die sagte also, das ist der absolute Renner zur Zeit in der Universitätsbibliothek...
von Mönter:	Ja?
Schlie:	...die würde jeden Tag verlangt, die Arbeit.
von Mönter:	Aha, aha, aha!
Schlie:	Nich, wenn das mal nicht schon zu spät war, kann ich nur sagen.

Jetzt ist der »Kohl« in allen Exemplaren endlich in der Versenkung verschwunden, liebevoll beschützt vor den höchstwahrscheinlich aus dem Osten gesteuerten Durch-den-Schmutz-Ziehern. Und da man Unkraut immer mit der Wurzel ausrotten soll, greift das »Bundeskanzleramt« ein letztes Mal zum Hörer, um den unbürokratischen Verwaltungshengst Schlie erneut zum ehrenvollen Dienst an diesem unseren Vaterlande anzustiften.

von Mönter: Ja, wir haben in diesem Zusammenhang, hat Herr Dr. Fricke noch eine, sagen wir mal, kleine Bitte an Sie, und zwar: Wäre es möglich, daß die Bestellungen, die in den kommenden Tagen in der Bibliothek eingehen, zu registrieren und an uns weiterzuleiten?

Schlie: Ja!

von Mönter: Weil wir natürlich interessiert sind, den gewissen Personenkreis, also, den auch festmachen zu können.

Schlie: Ja! Jaja!

von Mönter: Ich gebe Ihnen mal unsere Adresse.

Schlie: Ja, das ist, das wird natürlich nicht unproblematisch sein, das geht ja nur, wenn die Leute ihre Karte vorlegen, nich ...

von Mönter: Mmmh?!...

Schlie: ...sonst kann man ja wohl nicht ihren Namen verlangen, dann erzeugt man ja erst Recht Verdacht, nich?!...

von Mönter: Mmmh...

Schlie: Wenn wir sagen: Wir haben das Buch nicht!, also wenn sie ihre Karte vorlegen...

von Mönter: Ja?!...

Schlie: ...dann kann man sich den Namen merken und aufschreiben...

von Mönter: Ja, das ist in den Bibliotheken doch so üblich, sich dann auf eine Warteliste setzen zu lassen, nicht wahr?...

»Der Rektor entschied unverzüglich, die Universität werde einer solchen ›Bitte‹ auf keinen Fall entsprechen.«

Rhein-Neckar-Zeitung, 14.6.1983

Was immer der Rektor »Unverzüglich« entschied — von sonderlicher Tragweite und Durchschlagskraft scheint es nicht gewesen zu sein. Lesen wir doch im »4. Tätigkeitsbericht der Landesbeauftragten für den Datenschutz in Baden-Württemberg 1983«:

>»Wie der Referent darauf wirklich reagierte — ob er etwa, wie in der Presse zu lesen, seine Bereitschaft zur Mitwirkung bei der Registrierung bekundete — , konnte ich nicht sicher feststellen. Die Antwort der Universität ergab lediglich, daß eine Weitergabe von Daten der Entleiher durch die Verantwortlichen nicht beabsichtigt war. Der — man wird es inzwischen schon bemerkt haben — fiktive Mitarbeiter des Bundeskanzleramts hatte nach dem Rektoratsgespräch sein Spiel aber noch weitergetrieben, und am Ende gelang es ihm, durch einen weiteren Anruf bei einer Bibliotheksangestellten Name und Adresse einer Studentin zu erfragen, die die erwähnte Dissertation gerade ausgeliehen hatte. Diesen Sachverhalt gab die Universität auf meine Anfrage zu ... Die einzelnen Umstände des Falls und insbesondere die gelungene Provokation einer rechtswidrigen Datenweitergabe werfen kein gutes Licht auf die Universitätsverwaltung.«

Hans-Walter Schlie:
>»Der Rektoratsassistent möchte jetzt, das kann man verstehen, ›am besten am Telefon gar nichts mehr sagen.‹ Im übrigen räumt er ein, könne er ›den Gesprächsinhalt nicht bestreiten‹, auch wenn er meint, einiges habe er nach seiner Erinnerung nicht in dieser Eindeutigkeit gesagt.«
>Stuttgarter Zeitung, 29.7.83

Nicht nur eingefleischte Kohlkundler, sondern jeder, der den »Kohl« nun doch ergattern konnte und ihn gar gelesen hat — ganz — , wird bemerkt haben, daß schon unsere Kanzler-Darsteller ungefähr genau pfalzmäßig präzisierte: »Hierbei zeigte sich jedoch, was auch durch die Arbeit in den amtlichen Archiven bestätigt wurde, daß in diesem Jahrzehnt wichtige und interessante Unterlagen, wie Protokolle etc., gewollt oder ungewollt verlorengingen.« Und man möchte Pfalz-Forscher Kohl nur beipflichten, wenn er immer das Gute sieht und feststellt: »... hierbei trat die undogmatische pfälzische Mentalität zu Tage.«

Dr. Rainer Barzel

Dr. Rainer Barzel

Auch der Neger ist frei

Der Mensch lebt in seinem Körper

Es geht um die brennende Frage nach den »Grundrechten und Grundpflichten des Menschen«. **Die Frage nach den Rechten und Pflichten der menschlichen Person wird jeder konkreten historischen Situation neu gestellt und erheischt neue und gründliche Antwort.** (S. 2) Da muß sich jede konkrete historische Situation gleich ein Loch in den Bauch fragen lassen, von irgendeinem vorlauten Heischer, dessen Schuhe sich diesmal Rainer (»Keiner will Rainer«) Barzel angezogen hat. Die historischen Situationen sind reichlich genervt von soviel Neugierde und delegieren das Beantworten an andere, z.B. die Antike: **Schon die Antike weiß zu diesem Problem manches zu sagen.** (S. 3) Muß ziemlicher Unsinn gewesen sein, denn Barzel entschuldigt, daß diese Antworten ... **nicht mit den problematisch-intellektuellen Augen der Moderne betrachtet werden dürfen** (S. 3), wohl sowas ähnliches wie Supermanns Röntgenblick zur Zeit des schon schwindenden Expressionismus auf dem Sprung ins Abstrakte, denn modern im Barzelsinn ist wohl das Ewig-Heutige der wirtschaftswunderlichen 50er Jahre.

Barzel, Rainer Candidus: »Die verfassungsrechtliche Regelung der Grundrechte und Grundpflichten des Menschen«. Köln, 1949. Signatur: U 49.4227
(subtil hingepfuscht im Alter von 25 Jahren)

Stellen wir die schwierigen Fragen lieber ein wenig zurück, genießen wir die ewigen Wahrheiten, die in ihrer bestechenden Brillanz auch den Unbestechlichsten bestechen: **Der Mensch lebt in seinem Körper.** (S. 67) Siehe an! Damit hat sich Doktorant Barzel unwiderruflich einen Ehrenplatz auf der Ehrentafel der großen abendländischen Philosophen ergrübelt, gleich neben Sepp »Der Ball ist rund« Herberger. Solche glanzvollen Einzelleistungen sind nur wenigen gegeben, Barzel gehört spätestens dazu, wenn er feststellt: **Der Mensch ist früher als der Staat.** (S. 65) Und der Mensch ist noch mehr, z.B. ist er ... **bestimmt durch die Tatsache seines Lebens, das ein Leben in Vernunft und im Miteinander mit anderen ist.** (S. 65) **Dabei wird hier unter Vernunft (...) der gesamte geistige Bereich, der den Adel der menschlichen Persönlichkeit ausmacht, verstanden.** (S. 68) Aber allein auf den Vernunftadel kann man sich in Sachen Freiheit nicht verlassen, denn so sehr der Geist willig sein mag, so schwach ist doch gelegentlich das Fleisch. Daher ist **(der Preis der Freiheit) die Wachsamkeit der Bürger gegen den Staat und Wachsamkeit der Menschen gegen ihre eigene Triebhaftigkeit.** (S. 96) Denn gelegentlich gerät das vernunft-blaue Blut in Wallung und wogt in Richtung Sünde und Entgleisung. Reiß dich zusammen, rufe dich zur Ordnung, Schwacher: **Die Grundidee der Ordnung aber sind die Wahrheit, die Schönheit, die Gerechtigkeit und das religiöse Ideal.** (S. 87)

In nackter Vereinzelung

Barzels Friede-Freude-Eierkuchen-Planet mit den wachsamen Triebezüglern, die in ihren Körpern wohnen und dem Vernunftadel angehören, hat auch Schönheitsfehler: Gottes Herde hat nur Rechte, aber keine Pflichten. Barzel vermißt im Grundgesetz die **... Pflicht (des Menschen), an der Erhaltung und Gestaltung des**

Staates Anteil zu nehmen, hierfür Opfer zu bringen, zu arbeiten — und den statthaften Gesetzen zu gehorsamen, weil er naturgemäß zoon politicon ist. (S. 75) Weiter unten sehen wir dem politischen Tier (= zoon politicon) Mensch beim »Gehorsamen« zu. Ja, diese Polit-Tier-Pflichten stehen nicht im Grundgesetz, da müßten wir schon rüber in die vorbildliche Zone, mit z.B. ihrer Pflicht zu arbeiten. Im Vergleich mit dem Ost-System ist das **Ergebnis von Bonn** (gemeint ist das Grundgesetz, d.V.) ... **aus der Wirklichkeit von 1949 ein bedenkliches, antiquiert anmutendes Werk** (S. 54), schilt Fortschrittler Barzel auf die provisorische Verfassung der besetzten Westgebiete ein.

Im Barzel-Paradies gibt's auch Schwierigkeiten mit den Heiden: **Es ist überdies eine geschichtliche Erfahrung, daß der aus der religio gefallene Mensch auch aus den ihn natürlicherweise umgebenden, seine Rechte schützenden Rechtskreisen der Familie und Nachbarschaft fällt und dann dem Staat in Vereinzelung gegenübertritt.** (S. 57) Wer den Heiland verleugnet, verliert den Schutz der Familie, die Nachbarn grüßen ihn nicht mehr. **Der Mensch fällt aus der religiösen und damit zugleich aus der bluthaftnatürlichen Ordnung und wird Individuum.** (S. 4) Nur der Heide ist Individuum. Aus dem uniformen Massenschaf Gottes wird der moderne Single, etwas beinahe abartig Unnatürliches. **Der Mensch, aus der religiösen Ordnung gefallen, fiel zugleich aus der natürlichen Ordnung, und damit fiel er in die Vereinzelung.** (S. 8) Allein ist er, und fragend und splitternackt noch obendrein: **Als solches steht er plötzlich in nackter Vereinzelung dem Staat gegenüber und stellt in dieser Situation an den Staat die Frage nach seinen Rechten, die der Staat mit der Gegenfrage nach den Pflichten beantwortet.** (S. 4) Auch noch Sonderwünsche! Das schlimmste an den Gotteslästerern nämlich ist ihr Anspruchsdenken. Voller Einsamkeit ist er einer der ... **modern vermassten Menschen ...** (S. 8)

Eigentlich unübersetzbar

Der Mensch ist das allein mit Vernunft begabte Lebewesen, das kraft seiner naturhaften Anlage zum gesellschaftlichen Leben berufen ist. (S. 64) Eine adelnde Exklusiv-Berufung, die er mit Bienen und Ameisen teilt. **Die Abgrenzung der Rechte von Mensch und Staat setzt die Erkenntnis des Wesens von Staat und Mensch voraus.** (S. 63) Barzel schmilzt das Verhältnis der beiden auf die ergreifend wahre Erkenntnis zusammen: **Wenn er nicht lebte, gäbe es für ihn keinen Staat.** (S. 65) Der Mensch, bekanntlich »früher als der Staat«, kann sich also als Leiche das Staatserlebnis ersparen, eine ganz neue Abtreibungsperspektive im sterbenden deutschen Volk. Andererseits kann der Staat aus einem Menschen einen Leichnam machen, vorausgesetzt, der Mensch lebt im Ostblock: **Der Mensch wird (in der UdSSR) zum Leichnam, zur Sache, die nach einem alle Bereiche des Lebens erfassenden Plan mechanistisch bald zum Gebrauch und bald zur Vernichtung bestimmt wird.** (S. 46) Typisch Russe: erst die Leiche schänden und dann einfach wegschmeißen. Bei uns ist alles ganz anders? **Das ist kein Zufall: Denn Freiheit der Bürger heißt nicht Schwäche des Staates, sondern innere Stärke, weil es etwas anderes ist zu handeln aus dem Zwang denn aus Freiheit!** (S. 96)
Von welchem Zuschnitt sind Barzels Übermenschen? Er nennt sie Gentlemen: **Der gentleman ist fair. Dieses Wort ist eigentlich unübersetzbar.** (S. 15) Rainer konnte sein Wörterbuch nicht finden. Sehen wir uns die Eigenschaften des Gentleman genauer an: **Der faire gentleman achtet stets den anderen Menschen und dessen persönliche Freiheitssphäre; er tritt ihm nie zu nahe. Das setzt seinerseits Selbstbeherrschung, »die einzige wahre Freiheit, die es für den Einzelnen gibt«, voraus.** (S. 15) Ein ehrenvolle Aufgabe für den Vernunftadel.
Die Römer mit ihrer disziplinierten Freiheit und die Engländer mit ihrer selbstbeherrschten Freiheit können hier als Vorbild und empirisch als Beweis für die Notwendigkeit der Grundpflichten

dienen. (S. 72) Damit räumt Barzel endlich auf mit den skandalösen Vorurteilen gegen die sprichwörtlichen »Zustände wie im alten Rom«. Im gleichen Atemzug bekommen die Griechen ihr Fett: **Dagegen hatten die Griechen über zuviel Freiheit im Staate die Freiheit als Staat verloren und sich zu einem pöbelhaften Staatswesen entwickelt.** (S. 72) Die pöbelstaatlichen Demokratieerfinder haben kläglich versagt.

Nun leiht sich Barzel den Oberlehrer-Zeigefinger von HJ Vogel und belehrt die Mächtigen der Welt: **Und hier mögen die Mächtigen in den Staaten aufhorchen: Es waren Römer und Briten, die die beiden Weltreiche unserer Geschichte errichtet haben!** (S. 96)

Auch dem totalen Krüppel

Im folgenden klärt uns Barzel über die Tricks der Engländer und der Amis auf: **Die Menschenrechte sind in England nicht auf dem Papier fixiert, sondern in Herz und Hirn des Engländers verwurzelt.** (S. 17) Herz und Hirn der Engländer sind also mit Menschenrechten durchwachsen und durchwuchert. Die Amerikaner verschreiben sich eher einer mechanistischen Lösung des kardiologischen Befestigungsproblems: **Diese Rechte sind nicht nur in Hirn und Herz der Amerikaner fest verankert, sondern zur Grundlage einer geschriebenen Verfassung geworden ...** (S. 25) Die Cowboys schreiben's auf, die Briten verlassen sich allein auf Hirndurchwurzelung. Was vielleicht nur daran liegt, daß der aristokratische Gentleman vor lauter blaublütiger Inzucht zu blöd zum Schreiben war. Gleichzeitig aber warnt Barzel vor weiteren mensch-chirurgischen Eingriffen: **Zum Schutze des Wesens des Menschen haftet dem Menschen das (...) Recht und die (...) Pflicht an, seine Eigenart zu erhalten.** (S. 64/65) Obwohl wir alle uns bei manch einem — ohne hier Namen nennen zu wollen — eine gewisse radikale Änderung der Persönlichkeit durchaus gefallen ließen.

Ungeklärt ist die Frage, warum es überhaupt zur Erklärung von Rechten der menschlichen Person kam. (S. 57) Auf die naheliegendste Lösung kommt Schwafel-Rainer nicht: weil einer Menge Leuten von ein paar wenigen Gentlemen diese Menschenrechte vorenthalten wurden. Immerhin: **Diese Rechte haften jedem Menschen an, auch dem totalen Krüppel** ... (S. 67) Der bedankt sich herzlich für die nette Geste.

Das nackte Leben will erhalten sein

Barzel hält an sich nichts vom Verbindlichen, das vielleicht sogar schriftlich niedergelegt ist: **Das lautlos Daseiende ist häufig intensiver als marktschreierische Deklarationen.** (S. 12) Und hat natürlich den Vorteil, daß es nachher vor Gericht nicht als Belastungsmaterial wg. irgendwas verwendet werden kann. Ihm reichen markige Grund-Sprüche, die allerdings mit überraschenden Erkenntnissen gepaart daherkommen: **Er erwirbt das Recht auf Leben (auf ein Leben in Vernunft zusammen mit anderen) durch die Geburt, die er seinen Eltern und nicht dem Staat verdankt.** (S. 65) Barzel stellt hier für die Nachwelt fest, daß der Staat selbst unfruchtbar ist. Und welches deutsche Mädel würde auch mit ihm ins Bett gehen wollen.

Das Wunder der unverhüteten Empfängnis ist das selbstlose Ergebnis der ... **Natur des Menschen als vernunftbegabtes Lebewesen mit gesellschaftlicher Anlage** ... (S. 64) Unter Opfern nur, denn für ein paar ekstatische Paarungsmomente ist der Mensch, wenigstens der beteiligte, vermehrungswütige Mann, leider unfrei, denn **nur der in sich geordnete und beherrschte Mensch ist frei,** ... (S. 96)

40

Rainer stürmt nun auf die Kernprobleme der menschlichen Existenz ein: **Das nackte Leben will erhalten sein.** (S. 67) Und was man dazu braucht: **Ohne persönliches Eigentum ist der Mensch nicht in der Lage, sein Leben — vor allem unter dem Gesichtspunkt möglicher zukünftiger Krankheit — zu erhalten.** (S. 67) Ein Sozialfall muß abgefedert werden. **Was nützt einem Bürger das Recht zur freien Meinungsäußerung, wenn er, da er kein Geld hat, um seine Miete zu zahlen, dieses Recht aus Furcht vor dem Vermieter nicht ohne Gefahr für sich und die Seinen ausüben kann?** (S. 94) Wir ahnen es: Rainer ist total abgebrannt, nichts Vernünftiges gelernt, woher nehmen und nicht stehlen?

Gewiß ist schon die Bezahlung der öffentlichen Ämter ein erster Schritt zu realen Grundrechten. Alleine das reicht nicht aus. (S. 94) Da macht sich Rainer — Eigeninitiative — auf, ein kleines Zubrot aufzureißen. Und wer könnte nicht den kompetenten Rat eines Dr. jur. gebrauchen? Der Schwäche-Staat selbst hat ihn dazu gezwungen, er ist verbesserungswürdig: **Mindestens muß der Staat das Menschenrecht auf Unterstützung im Falle schuldloser Verdienstlosigkeit anerkennen.** (S. 94/95) Solange es dieses wünschenswerte Menschenrecht noch nicht einmal für unsere empfindliche Elite gibt, muß der Gentleman seine Sicherung selbst in die Hand nehmen, durch Handaufhalten.

Und dann auch bitte gleiches Recht für alle, wie Barzel am Vorbild USA zu erklären weiß: **Mithin darf gesagt werden, daß in den USA die Menschenrechte für alle gelten.** (S. 23) Denn: **Die einigen Menschen in den USA vorenthaltenen Rechte sind aber nicht Menschen-, sondern nur Bürgerrechte;** ..., ach so, halb so schlimm, nur Bürgerrechte!, ... **denn auch der Neger ist frei, hat Eigentum und das Recht auf Leben und Arbeit.** (S. 23) Wem das nicht sofort einsichtig ist, der sei auf die ... »**Berücksichtigung der naturgegebenen Ungleichheit der Menschen**« (S. 6) verwiesen, Neger und Menschen ...

So dringt die soziale Frage mitten in das Problem der Grundrechte ein und stellt diese vor die Frage nach der inneren Wahrhaf-

41

tigkeit. (S. 95) Unerzogen, und so gar nicht gentlemanmäßig dringt sie ohne Anklopfen ein, dann stellt die soziale Frage dem Problem eine Frage, die nach der inneren Wahrhaftigkeit nämlich. Wenn eine Frage einem Problem eine Frage stellt, weiß rasche und stimmige Antwort nur einer: Rainer: **Da jedoch einerseits die Güter der Erde beschränkt sind, andererseits aber alle Menschen des Eigentums bedürfen, ...** (S. 67), ist sich jeder selbst der Nächste, vor allem unser Beratungsvertrags-Rainer. Vielleicht begreift er sich als heimlicher Widerstandskämpfer gegen das antiquierte Grundgesetz: **Freilich greift dieses Recht** (Widerstandsrecht, d.V.) **erst Platz, wenn alle anderen Möglichkeiten erschöpft sind.** (S. 91) Sicherlich hat er nie etwas unversucht gelassen, eine schnelle legale Mark zu machen. Aber wenn's eben nicht geht: **Die Lösung selbst liegt in der menschlichen Haltung.** (S. 96) Das allerdings gilt sicherlich **... unter der Klausel jederzeitiger Abberufbarkeit ...** (S. 40)

Dr. Manfred Wörner

Dr. Manfred Wörner

Sachlage überschatten, Kern des Problems verdunkeln

Haltlosigkeit unverbindlichen Schwärmertums

Tiefflieger sind bei der Bevölkerung unbeliebt, auch geistige. Wörner hält sie und sich für höchstnötig: **... Armee ist wesentlichstes Organ staatlicher Selbstbehauptung und Unabhängigkeit ...** (S. 2) Und die wesentlichste Bastion der erzmännlichen Rituale: **Sie kann ohne die Möglichkeit, ihre Anordnungen und Befehle durch Verwirklichung von Strafdrohungen und Sanktionen durchzusetzen, nicht existieren.** (S. 107) Ewig Wahrem schüttet er die Bedürfnisse des Heute drauf: **Die Bedürfnisse der modernen Strategie erfordern mit gebieterischer Notwendigkeit die Stationierung von Truppen in befreundeten und verbündeten Staaten auch und gerade in Friedenszeiten.** (S. 1)

Dabei entstehen auch und gerade Reibungsflächen, an denen sich Ärger entzündet. Die Soldatenfreunde trinken über den Durst, randalieren und lassen im Supermarkt auch schon mal was

Wörner, Manfred: »Strafgerichtsbarkeit über Truppen bei einverständlichem Aufenthalt auf fremdem Staatsgebiet«. München, 1959.
Signatur: U 59.6030
(schneidig dissertiert im Alter von 25 Jahren)

mitgehen. **So drängte sich nun mit zunehmender Häufigkeit derartiger Fälle gebieterisch eine wissenschaftliche Bewältigung und Eingliederung dieser neuartigen Erscheinungsform auf.** (S. 8) Richtig geraten: diese Aufgabe knöpft sich Wörner unbarmherzig vor.

Aber nicht so oberflächlich wie die vielen anderen vor ihm: **Spekulation und Wunschdenken, Oberflächlichkeit und leichtfertige Ungenauigkeit sind die Gefahren, die es auf der Suche nach derartiger Übung zu meiden gilt.** (S. 79) Nur zu schnell kann der Schlendrian das Kommando auf dem Schlacht- und Manöverfeld der Wissenschaft übernehmen und Verwüstung anrichten. **Gerade in der Frage der Immunität von Truppen haben sie erschreckend oft das Feld der Forschung beherrscht und die Ergebnisse bestimmt.** (S. 79) Wie der kleine Moritz im finsteren Wald pfeift Wörner sich wegen der so schwierigen strategischen Ausgangslage forschen Forscher-Mut zu: **Denn nichts höhlt die Wissenschaft mehr aus, als die Verwechslung von Wirklichkeit und Wunsch, von Realität und Phantom.** (S. 110) Hohl- und Dickschädel Wörner bleibt unverbrüchlich bei den zäh-wie-Leder-hart-wie-Kruppstahl-Facts: **Soviel man das auch bedauern mag, muß man sich doch damit abfinden und entsprechend vorgehen, will man sich nicht in die Haltlosigkeit unverbindlichen Schwärmertums verlieren.** (S. 79)

Zuerst müssen wir erfahren, welche Sorten von Fremdsoldatenaufenthalt es gibt: **Zwischen dem bloßen, einverständlich gewährten Durchzug durch fremdes Staatsgebiet und der kriegerischen Besetzung gibt es eine breite Skala möglicher Varianten friedlichen und kriegerischen Aufenthalts von Truppen auf fremdem Staatsgebiet.** (S. 6) So beruhigend dieser Verweis auf die Bandbreite des Möglichen sein mag, so sehr steht auch fest: **... mit dem Aufenthalt fremder Truppen auf dem Staatsgebiet eines Staates sind unausbleibliche Konflikte mannigfaltiger Art verbunden.** (S. 1) Weil zum Beispiel die Bevölkerung was gegen die Jungs und ihre nuklearen Waffen hat? Vielleicht. Wer sich für die Details interessiert, dem dieser Tip: **Einen guten Begriff vom Umfang der Pro-**

46

bleme gibt ein Blick auf das Inhaltsverzeichnis des Bonner Truppenvertrags. (Fußnote, S. 11)

Nur mit diesen, aber auch mit all diesen Fällen beschäftigt sich die nachfolgende Dissertation. (S. 9) Wer enttäuscht war, daß es n u r diese Fälle sind, der darf versichert sein: Es sind wenigstens alle. Und er schraubt sich jeden individuell rein, unser Wörner, denn: Es wäre höchst unzweckmäßig, ja unglückselig und verderblich, wollte man diese lebendige Vielfalt in das Prokrustesbett einer einheitlichen, allgemeinverbindlichen Normierung zwängen. (S. 110) Das »Prokrustesbett«, laut Duden eine Folterbank, darf der lebendigen Vielfalt wirklich nicht zugemutet werden.

Da haben wir erstmal ein Problem, um das herum ... verwickelte Machtkonstellationen die Sachlage überschatten und den juristischen Kern des Problems verdunkeln. (S. 2) Der Kern im Schatten ist schon ziemlich dunkel. Jetzt dreht Wörner den Dimmer bis zum Anschlag herunter: Vorgefaßte Meinungen, Wunschdenken und Zweckmäßigkeitserwägungen beherrschen und verdunkeln vielfach das Problem ... (S. 3), nicht nur der Kern, das ganze Problem liegt inzwischen in Finsternis. Da wird es ... unerläßlich, alle diese subjektiven Faktoren abzuschütteln, das juristische Problem klar herauszuschälen, ... (S. 2) fahren Wörners Double-Blind-Dunkelkammer-Experimente mit dem Schälmesser fort, und dann können wir uns schließlich wieder dem Kern des Problems zuwenden. Wohin aber einstweilen mit den Schalen des Problems?

Im Dunst nebelhafter Verschwommenheit

Und wie stufen wir unser Problem ein, ... als Unterfall ... (S. 103), ... Spielart der Theorie ... (S. 24), als ... Untergruppe der Theorie ... (S. 24) oder gar als ... Unterart der Theorie ... (S. 24)? Da besinnt sich Manne seines neuartigen Ansichten-Kern-

47

Meßgerätes mit der formschönen Staatenpraxis-Skala: **Um diese Frage klären zu können, genügt es, aus den mannigfaltigen Ansichten den Kern herauszuschälen und ihn an der Staatenpraxis zu messen.** (S. 91)

Gleich darauf legt Manfred sein Schälmesser beiseite, um sich der sinnlichen Sex-Seite des Problems zu widmen: **Im Dunst nebelhafter Verschwommenheit gezeugte und geborene Erkenntnisse zerfließen nur allzuoft im harten Licht der internationalen Rechtswirklichkeit.** (S. 79) Hoffentlich hat wenigstens die Zeugung ein wenig Freude gemacht, wenn schon der butterweiche Nachwuchs so wenig taugt. Und wo so viele Problemkerne ausgeschält wurden, bei soviel Dunkelheit und Dunst, da ... ergeben sich — ganz bestimmt »gebieterisch« — **zahlreiche Reibungsflächen, an denen sich Zwistigkeiten entzünden können, die imstande sind, das Verhältnis der Staaten zueinander ernsthaft zu vergiften.** (S. 1) Wörner entdeckt mit unangreifbarer Sicherheit brennbare und giftige Zwistigkeiten. Wenn er dann empfiehlt: **Man denke nur an das böse Blut, das die (...) Entgleisung des amerikanischen Sergeanten Girard in Japan erzeugte** (S. 1/2), so spricht er sicherlich von einem Fall von Blutvergiftung mit nachfolgender Selbstentzündung durch streitbar hitziges Soldaten-Temperament.

Wer noch immer nicht recht weiß, worum es geht, dem kommt der Heeres-Tiefflieger in nicht zu untertreffender Wörnermäßigkeit entgegen, indem er haarklein erklärt, worum es zumindest nicht geht: **Das oben erarbeitete Ergebnis stellt klar, welcher Rechtszustand n i c h t besteht, ...** (S. 100) Wörner wird präzise: **So beschränkt sich denn die Untersuchung auf ...** (S. 15), ergänzt: **Aus räumlichen Gründen ist es unmöglich, ...** (S. 91), weiß, **unzählige Fragen rechtlicher Natur bedürfen einer Klärung, ...** (S. 10), allerdings kann Wörner das nicht übernehmen, später vielleicht: **Wie schon eingangs erwähnt, ist es nicht Augabe der vorliegenden Arbeit ...** (S. 6), und **... (damit) ist der Fragenkreis noch keineswegs erschöpft.** (S. 11) Es geht allerdings **nicht nur um die negative Frage der Immunität ...** (S. 11), **nicht in Frage steht das Verhältnis der Truppen und ...** (S. 11), **vielmehr beschränkt sich die Frage-**

stellung, die es im folgenden zu klären gilt, auf ... (S. 11).
Allerdings steht im folgenden nicht die Ausübung der Gerichtsbarkeit (...) zur Diskussion. (S. 12) Der Beweis dieser im übrigen
fast unbestrittenen Behauptung kann und soll im Rahmen dieser
Untersuchung nicht angetreten werden (S. 13), ebenfalls ausge-
klammert bleiben muß die damit im Zusammenhang stehende
Frage, ... (S. 13), auf sie kann hier ebenfalls nicht eingegangen
werden. (S. 14) Eine sehr umstrittene Frage, die damit in engem
Zusammenhang steht, kann gleichfalls hier nicht bearbeitet wurden. (S. 14), Diese müssen zwangsläufig eine gesonderte Beurtei-
lung erfahren und sind also von der vorliegenden Untersuchung
ausgeschlossen. (S. 14) Aber der Verdacht, daß das alles gewesen
sein soll, trügt glücklicherweise auch: **Die Untersuchung wäre
nicht vollständig, wollte man bei diesem Ergebnis stehenbleiben.**
(S. 101)

Einseitige Diskriminierung der Bundesrepublik

Erst muß Wörner noch Ordnung schaffen ohne Waffen und eine polemische Hetzkampagne gegen die USA fahren. **Es ist auffallend, daß die USA in den Fällen, in denen also ihre Verhand-
lungsposition schlechter war, sich mit der Gewährung begrenzter
Immunität zufriedengeben mußten.** (S. 94) Diplomatie nach dem
Faustrecht der Amts-Cowboys. **Was sie schwächeren Staaten ver-
weigerten, mußten sie stärkeren Staaten zugestehen.** (S. 95) Denn:
**Im Tauziehen der Interessen des Empfangs- und des Entsende-
staates siegte der Stärkere.** (S. 95) Da tut sich ein Bild vom
Ellbogen-Imperialismus unserer US-Freunde auf, wie es der kom-
munistischen Propaganda nicht plastischer hätte entspringen
können.

**Die bloße Tatsache, daß die Bundesrepublik keine starke Ver-
handlungsposition hatte, bildet keinen sachlichen Grund für eine**

**Benachteiligung in der Frage der Gerichtsbarkeit über die statio-
nierten Truppen.** (S. 114) Da haben wir's: Wörner ist als antiimpe-
rialistischer Amerika-Hasser enttarnt. Und — viel schlimmer
noch — sympathisiert unser jetziger Verteidigungsminister mit
dem roten Erzfeind im Kreml: **Auffallend ist auch das Mißverhält-
nis zum Parallelvertrag der UdSSR mit der DDR, in dem die So-
wjetunion der DDR grundsätzlich die Gerichtsbarkeit auch über
die sowjetischen Truppen zubilligt** (S. 113), wo doch die ... **strate-
gische Lage (der DDR) mindestens ebenso exponiert erscheint wie
die der Bundesrepublik.** (S. 115) Das ist wirklich ein starkes Stück!
Die Russen sind also fairer als die Amis? Und der Ostblock soll
auch noch unser Vorbild sein?! **Nur am Maßstab der internationalen Vertragspraxis gemessen entscheidet sich der Sinn und Unsinn,
Wert und Unwert der Doktrin.** (S. 78)

In seinem **AUSBLICK** (S. 109) reißt sich Yankee-Hasser Wörner
dann die Maske vom Gesicht: **All diese Überlegungen beweisen,
daß es sich bei der Strafgerichtsbarkeit im Truppenvertrag um eine
einseitige, sachlich nicht gerechtfertigte Diskriminierung der Bundesrepublik Deutschland handelt.** (S. 116) Und fordert zu toben-
dem Widerstand gegen den US-Imperialismus auf deutschem Bo-
den auf: **Es ist an der Zeit, diesem auf die Dauer untragbaren Zustand abzuhelfen und an seine Stelle eine dem internationalen
Standard entsprechende Regelung zu setzen.** (S. 116)

Ja, so vernünftig dachte Manfred, bis Wörner schließlich die ...
bedeutsame (...) Schwenkung vollzogen (S. 21) hat. Schwenkung
soll wohl »Wende« heißen.

Dr. Martin Bangemann

Dr.
Martin Bangemann

Meinen Eltern

Keine deutliche Vorstellung mehr

MEINEN ELTERN mutet Bangemann, der romantische Schwafler im Geheimen, einen Langerguß im Theoretischen zu. Dabei geht es ganz genau zu, alles unter dem Mikroskop, das sie ihm sicherlich zur Einschulung ins Gymnasium geschenkt haben.

Ihm sind auch »Bilder und Fiktionen« als untersuchte Objekte nicht zu hoch. Aber erstmal muß er mächtig ins Sinnieren kommen, wenn er das Mysterium der Bedeutungsbestimmung von Worten durchdringen will, ohne sich selbst und den Faden zu verlieren: **Der Versuch, die Bedeutung eines Wortes zu bestimmen, muß sich mit einer eigentümlichen Schwierigkeit auseinandersetzen: man glaubt, eine deutliche Vorstellung von dem betreffenden, durch das Wort bezeichneten Begriff zu haben, jedoch umfaßt eine diese Vorstellung befriedigende Definition nicht den ganzen Sinngehalt des Begriffs; ... (S. 1)**

Bangemann, Martin: »Bilder und Fiktionen in Recht und Rechtswissenschaft«. München, 1964.
Signatur: U 64.8831
(ohne Hilfe der Eltern im Alter von 30 Jahren)

53

Da bilden wir uns nun ein, uns genau vorstellen zu können, was mit »UHU« gemeint ist. Eben nicht nur diese gelbe Tube, sondern Klebstoff schlechthin, bis Pattex und Ponal. Wenn wir das Wort »UHU« dann aber unserem Banknachbarn in der dritten Volksschulklasse erklären sollen, dann sagt ein schlichtes »UHU« eben doch nicht alles. **Eine andere (Definition) wiederum, welche die Vielfalt an Bedeutungen in sich bergen könnte, wird als zu unbestimmt empfunden, weil sich mit ihr keine deutliche Vorstellung mehr zu verknüpfen vermag.** (S. 1) Wenn wir uns damit helfen wollten, einfach »Klebstoff« zu sagen, dann wäre das eben jeder Klebstoff, nicht nur »UHU«. Das Problem sieht also so aus: es ist wirklich gräßlich, wenn für einen selbst »UHU« für »Klebstoff« steht, obwohl das Quatsch ist, und man darunter leidet, daß einen keiner versteht. Martin muß morgen zum Schulpsychologen.

Ein Bild des Grauens

Hat er noch andere Probleme? Wahrscheinlich. Er ersäuft sie in einem großen Glas gedanklicher Mumpe, seinem doppelten »Das Übliche« auf Eis im Weltretter-Imbiß gegenüber, wo sich vormittags die Schul-Schwänzer treffen. Wir lernen dabei einiges über »Bilder«: **»Bilder« sind vor allem — diese Bedeutung liegt bei einem vorläufigen Überblick am nächsten — optisch wahrnehmbare Darstellungen, die nicht notwendig, jedoch möglicherweise ästhetischen Gesetzen unterliegen. Bild in diesem Sinne ist »nachahmende Abbildung«, gestaltete und gestaltende Darstellung in Gemälden, Zeichnungen, Modellen und Fotografien, die ihrerseits wieder vervielfältigt werden, »Abbilder« und Kopien liefern können.** (S. 4)
Natürlich sind das noch nicht alle Bilder, die Martin da zwischen einem schier unerschöpflichen Vorrat von Gänsefüßchen

zur Verschwerung der Aussage vor uns hin kippt: **Bilder sind aber auch das Spiegelbild, das Schattenbild, irgend ein Anblick —** »das Schlachtfeld bot ein Bild des Grauens« —, »Bilder« sind die dem »inneren« Auge erscheinenden Erinnerungs- und Vorstellungsbilder, sind schließlich auch die Vorbilder, Idealbilder, Wort- und Weltbilder eines »geistigen« Auges. (S. 4) Ganz schön viele, und Bilderstürmer Martin hat auch gleich eine — natürlich nur »mögliche« — Erklärung auf Halde liegen: **Diese außerordentliche Vielfalt an Bedeutungen ist (...) teils das Ergebnis der Versuche (...), den Begriff des Bildes denkend zu erfassen.** (S. 4) »Teils«, der Rest — s.o. — sind wohl die Kopien dieser bemühten Versuche zu denken. Wenn's mit dem Denken denn nicht immer so glatt klappt, wie wir uns das wünschen würden von einem Doktor: **Dieser Versuch muß in seiner Absolutheit umso problematischer werden.** (S. 39)

Glücklicherweise kennt Bangemann einen hübschen Kunstgriff, auf den jeder große Mann irgendwann mal von selber kommt. **Man kann auf die ursprüngliche Bedeutung und Vorstellung zurückgreifen, auf die gebräuchlichste Verwendung des Wortes im heutigen allgemeinen Sprachgebrauch abstellen, ...,** so wie wir alle das machen würden, **... oder man kann eine neue Bedeutung des Wortes mehr oder weniger willkürlich festlegen.** (S. 2) Clever, clever, was nicht paßt, wird passend gemacht. Wir sagen »Spende« statt »Schmiergeld« oder »Minister« statt »Pappnase«, und obendrein erfinden wir neue Begriffe wie »Vergegennahmlichkeit« und »Entheutigung«.

Nur geistlose Schriftzüge

Dennoch oder vielmehr gerade deshalb ... (S. 5) ... kann (es) nicht die Aufgabe dieser Arbeit sein, den Begriff »des« Bildes zu

suchen, der alle diese »Bilder« umfaßt, sondern es sollen bestimmte Merkmale, die einigen dieser Begriffe gemeinsam sind, herausgestellt und zu einem allgemeinen Bildbegriff verknüpft werden. (S. 10) Wie auch immer das gehen soll, wenigstens verspricht Bangemann, daß uns das auf dem Teppich halten wird, denn es ... eröffnet (...) die Möglichkeit, sich so eng wie möglich an die Sache selbst zu halten. (S. 10) Jetzt würden wir uns zehn, zwölf Seiten echt Bangemann zu der Frage wünschen: »Was ist eine Sache?«

Stattdessen wird gleich zum Kern gesprungen: Der Begriff der »Anschaulichkeit« dient sehr häufig zur Charakterisierung des Bildes. (S. 11) Das war also das Geheimnis des »Bildes«, Anschaulichkeit!

Wenden wir uns also nun wieder dem Wort zu, dem Wort im wörtlichen Sinne als solchem: ... denn das Wort ist ein Zeichen. (S. 15) Mit einem Kurzsatz wie diesem läßt uns Bangemann selbstverständlich nicht allein: Das bedarf einer näheren Erläuterung. (S. 18) Was am Buchstaben der Schrift optisch wahrnehmbar ist, sind nur geistlose Schriftzüge, aus deren sinnlich wahrnehmbarer Gestalt allein das Gemeinte nicht entnommen werden kann. (S. 15) Nein, Buchstaben anschauen allein genügt nicht, man muß schon lesen können. Wir freuen uns daher auch immer über Bücher mit vielen Bildern drinnen (womit diesmal Fotos und Zeichnungen gemeint sind, nicht jedoch das »Bild des Grauens«, das bietet sich uns erst in den im Text verwendeten »Bildern«, weil wir unserem »inneren Auge« die Kontaktlinsen des »Gemeinten« gegönnt haben, wenn dieses »Bild« »erlaubt« ist). Neben der reinen Buchstabenliebe und dem Sich-Verlieren im Auf-dem-Kopf-Genuß altchinesischer Schriftzeichen droht noch eine weitere herbe Gefahr: ... der blinde Glaube an die Tatsächlichkeit des Angenommenen ... (S. 80), was auf Deutsch soviel heißt wie: Glauben heißt nicht Wissen.

Auf die Fata Morgana in der geschraubten Sprache will er nicht weiter eingehen: Im übrigen genügt vielleicht der Vorbehalt, daß der gleiche Name nicht über die Verschiedenheiten der Sache hin-

wegtäuschen soll. (S. 35) Da kann also eine Sache mehrere Verschiedenheiten haben, über die der gleiche Name hinwegtäuschen
könnte, wenn wir nicht auf diesen wertvollen Vorbehalt (!?) hingewiesen worden wären. Verstehe: manchmal will uns der Klebstoff-
verkäufer »UHU-Hart« andrehen, alte Bestände, aber damit kann
man kein Stypropor kleben und wir brauchen »UHU-Styr«. Sein
Trick: »Sie wollen 'UHU', hier ist 'UHU'«. Oder genauer: nicht jeder Martin ist ein Bangemann.

Einzelnes Wiesein des Angenommenen wirklichgesetzt

Oft ist das Publikum von Hans Rosenthal der Meinung, daß
»das« einfach Spitze war. Ob es sich diese Leute nicht zu einfach
gemacht haben?: **Ob diesem Gegenstand außerhalb des Bewußtseins des Meinenden ein Sein zukommt, ist für das Meinen selbst
belanglos, es können »wirkliche«, »mögliche« wie »unwirkliche«
oder »unmögliche« Gegenstände gemeint werden; innerhalb der
Sphäre des Bewußtseins dagegen setzt das Meinen ein Sein be-
stimmter Art voraus, der gemeinte Gegenstand muß, soll er überhaupt gemeint werden können, sich dem meinenden Akt als davon abtrennbarer Inhalt, oder, mit einem Ausdruck Löringhoffs,
als »Meinbares« darbieten. Das Sein dieses Meinbaren bleibt
gleichwohl vom Meinen abhängig, es muß gemeint werden, um zu
sein; nur »als Gemeintes« »ist« das Gemeinte.** (S. 54)
Und wir wollen mit Bangemanns unnachahmlich direkter Klarheit hinzufügen: **Aus dieser Abhängigkeit vom Akt des Meinens
folgt, daß das Meinbare als Inhalt des Meinens dem Meinen selbst
keinerlei Schranken setzen kann, ...** (S. 51) Man kann also meinen,
was man meinen will. Und: man kann meinen, was man meinen
kann! Soweit Bangemanns **... Stand der Meinungen.** (S. 66) Meine

Meinung: ich wollte Bangmann eigentlich in die dritte Garnitur einordnen, aber er war einfach zu zweitklassig!

Man kann über alles eine Meinung haben, wenn man sich auch manchmal wundert, womit sich Leute freiwillig beschäftigen. **Den verschiedenen Meinungen über das Wesen der Fiktion entspricht die bunte Skala der Urteile, die über ihren Wert oder Unwert gefällt worden sind; ...** (S. 59) Alles Typen, die Bangemanns abstruse Interessen teilen, nachgerade im Ähnlich- oder Gleich-Meinen des Gemeinten als sich selbst wirklichgesetzt sich selbstidentifizieren, will heißen ... **die Erkenntnis, daß etwas nicht besteht, geht dem Akt voraus, in dem dieses Nichtbestehende wirklichgesetzt, das Nichtidentische identifiziert wird.** (S. 54) Das heißt soviel wie: »den Unterschied rausfinden«. Da muß ich mich wirklich setzen!

Vom Sessel aus nun für alle Fans und Interessenteiler (das sind Leute, die ein wirklichgesetztes eigenes Interesse im nichtidentischen Anderen als Fastsosein des als identisch angenommenen unvorbehaltlichen Meinens eines davon unabtrennbar Gemeinten als »Gemeint« identifiziert zu haben gemeint hatten) der Bangemann-Diktion noch ein grüblerisches Kleinodium: **Entsprechend wird in einer Fiktion ein schlichtes Dasein, ein bestimmtes Sosein oder ein einzelnes Wiesein des Angenommenen wirklichgesetzt, ...** (S. 54)

Man denke an Verkehrsschilder

Im Zusammenspiel mit begrifflichen Begründungen wird deshalb das Bild eine notwendige und wertvolle Ergänzung sein, eine Einbruchsstelle für das Neue und jeweilig Besondere der sich wandelnden Welt, die das logische System vor einer nachteiligen Sterilität bewahrt; auf sich allein gestellt, könnte es dagegen nur zu leicht der Diener der Willkür werden. (S. 36) Man muß die Bilder immer beaufsichtigen, sonst machen sie sich selbstständig und richten Verwüstung an in der sterilen Welt des Logischen, wie dies schon ... **Kelsen in der Auseinandersetzung mit Vaihingers Fiktionsbegriff betont und Esser besonders eingehend begründet hat,** ... (S. 69), gleich neben der fraglichen Einbruchstelle.

Damit wir es endlich kapieren, geht Bangemann mit einem anschaulichen Beispiel in die Erklärungsoffensive: **Wenn also z.B. § 1589, Abs. 2 BGB bestimmt: »Ein uneheliches Kind und dessen Vater gelten nicht als verwandt«, dann ist das, abgesehen davon, daß damit selbstverständlich nicht die Tatsache der biologischen Abstammung willkürlich geleugnet wird, auch nicht in dem Sinn eine »echte« Fiktion, daß von einer natürlich-sozialen Bewertung der Verwandtschaft im Wege einer fiktiven Annahme abgewichen wird. Denn der Gesetzgeber ist an eine solche Bewertung grundsätzlich nicht gebunden.** (S. 73) Denn auch Wortlaut und Schriftzug scheinen aus Gummi geschnitzt, ... **sie (Wortlaut und Schriftzug) repräsentieren nicht das in ihnen Gemeinte, sondern weisen nur kraft einer besonderen Bedeutungsverleihung auf es hin.** (S. 15)

Und jetzt wollen wir wieder ein wenig wirklichsetzen: **Die Fiktion eines Gesprächs zwischen Sokrates und Kant setzt einen an sich überhaupt nicht bestehenden Sachverhalt wirklich.** (S. 55) Wobei es allerdings nicht sonderlich stören würden, daß zu beider Lebzeiten erheblich weniger Verkehrsschilder herumstanden als heute: **Bildähnliche Zeichen — man denke an Verkehrsschilder — sind neben dem geschriebenen und gesprochenen Wort nur von untergeordneter Bedeutung. Der Buchstabe der Schrift und das Wort der Sprache bedingen aber, wiewohl sie auch die Medien anschaulicher Vorstellungen sein können, in ihrer Zeichenhaftigkeit einen unanschaulichen Grundzug des Rechts.** (S. 34) Mit anderen Worten: **das Symbol des Kreuzes oder der Palme weist keine Ähnlichkeit mit dem Gemeinten auf, (...) sondern »illustriert«,** ... (S. 17) Manchmal ist man sich nicht ganz sicher, ob dies nicht auch auf Bangemanns Ergüsse zutrifft.

Wenigstens kann ihm wirklich niemand den Vorwurf wirklichsetzen, daß er sich der trügerischen Anschaulichkeit verschrieben hätte, wie dies in unser aller Alltag leider immer wieder passiert: **Begriffe werden wie Realitäten eines zeitlich-räumlichen Seins aufgefaßt, sie verlieren die abstrakte Prägnanz des idealen Seins und gewinnen eine trügerische Anschaulichkeit, die zu sachfremden Schlüssen führen kann.** (S. 84) Wir sollten daher wie Vorbild Bangemann allergrößte Vorsicht vor klaren Begriffen üben! Zu schnell könnte einer herausfinden, was wir meinen, »UHU« oder »Pattex«. Bloß keine trügerische Anschaulichkeit!

Wollen wir nicht zu streng sein mit Tiefstschürfer Bangemann. Aber etwas enttäuscht seine Philosophenleistung doch, wenn man bedenkt, zu welch erlauchter Minderheit er schon in der Schulzeit gehörte: **(Ich besuchte) die dortige Oberschule für Jungen mit Gymnasium; ...** (S. 99, Lebenslauf im Anhang), denn welcher Junge besitzt schon ein eigenes Gymnasium zum Spielen?

Dr. Friedrich Zimmermann

Dr. Friedrich Zimmermann

Mitten im Gewoge der Meinungen und Kräfte

Vom rein natürlichen Standpunkt aus

Mit seiner Arbeit über die »elterliche Gewalt der Frau« nimmt sich Zimmermann das beleuchtungstechnische Kunststück vor, ... **den Begriff der Gleichberechtigung, der heute so plötzlich in das — steigerungslos — hellste Licht der Aktualität gerückt worden ist, — trotzdem — noch näher zu beleuchten.** (S. 25) Der findige Fritz findet eine Lichtquelle, die sogar die enorme Leuchtkraft der Aktualität übertrifft und die hellste Beleuchtung noch heller macht. Einem so hellen Kopf traut man zu Recht tiefschürfende Erkenntnisse zu: **Es ist unbestreitbar, daß die elterliche Gewalt ihre Wurzel in der auch heute noch vorhandenen tatsächlichen Machtstellung der Eltern im Rahmen der Familiengemeinschaft hat.** (S. 23) Durch jahrelange Beobachtung hat er den Muskel- und Größenunterschied zwischen Erwachsenen und Kindern her-

Zimmermann, Friedrich: »Die elterliche Gewalt der Frau unter besonderer Berücksichtigung von Art. 3 Abs. II des Grundgesetzes«. München, 1951.
Signatur: U 51.6615
(unter Zeitdruck in die Welt gesetzt im Alter von 26 Jahren)

63

auskristallisiert. Aber mit Einschränkung: **heute noch.** Visionär Zimmermann sieht wohl die Möglichkeit, daß sich das einmal ändert. Aber nicht zu schnell: **(die Verfassungen der Länder)** ... **kennzeichnen die Erziehung der Kinder und die elterliche Gewalt als ein natürliches Recht und die oberste Pflicht der Eltern und stellen sie unter Verfassungsschutz** (S. 23), mit dem es allerdings — Fritz kann mehrere Lieder davon singen — mitunter Probleme gibt.

Die rechtliche Regelung des Verhältnisses zwischen Eltern und Kindern findet ganz allgemein ihre Begründung in dem von Natur aus besonders engen verwandtschaftlichen Verhältnis, das auf gegenseitiger Liebe und kindlicher Anerkennung der Autorität der Eltern aufgebaut ist. (S. 19) Wer die Gründe für dieses besonders enge verwandtschaftliche Verhältnis in Fortpflanzungsakt und Geburt vermutet hatte, irrt nicht ganz: **Vom rein natürlichen Standpunkt aus stehen die Kinder den Eltern am nächsten.** (S. 19)

Wie ist das nun mit der Gleichberechtigung? Dürfen beide das Kind verprügeln? **Wenn Art. 3/II GG ausspricht, daß Männer und Frauen gleichberechtigt sind, so wird damit anscheinend der Schlußstein zur modernen Frauenemanzipation in Deutschland gesetzt, während jedoch in Wirklichkeit das Problem der Stellung der Geschlechter zueinander so offen wie je ist.** (S. 25) Zimmermanns Diagnose trifft den Kern der Situation. **Wir stehen vielmehr mitten im Gewoge der Meinungen und Kräfte.** (S. 26)

Und in diesem Gewoge macht sich Zimmermanns Meinung ganz besonders breit — völlig untypisch übrigens für eine Doktorarbeit, in der sachlich überzeugend hergeleitet werden soll: **Nach meiner Ansicht kommt als die einfachste, klarste und auch beste Lösung nur die in Betracht, ...** (S. 84) und **Thiermann führt hier m.E. richtig an, daß, wenn man die Qualifizierung der Stellung der Mutter ...** (S. 11) Ja, **dieser Ansicht ist soweit beizustimmen, als die herrschende Meinung zur Begründung ihrer Ansicht ...** (S. 21), die **im Gegensatz zu der herrschenden Meinung ...** (S. 20) oder gar den ... von der herrschenden Meinung herangezogenen Vergleichspunkten ... Es ist zwar meiner Ansicht nach verfehlt, zu versuchen, wie das die herrschende Meinung tut, lediglich ..., ... trotzdem ist der herrschenden Meinung insoweit beizutreten, als ... (alle S. 22) Doch dazu ... liegt meines Erachtens kein Anlaß vor. (S. 78) Und so ... herrscht (...) meines Erachtens ein rein theoretischer, formaljuristischer Meinungsstreit ... (S. 32) und ... muß meines Erachtens — unbeschadet der Gleichberechtigung der Geschlechter — den Ausschlag geben, daß ... (S. 34) Diese Frage ist meines Erachtens zu verneinen (S. 49) und ... daher nach meiner Ansicht abzulehnen. (S. 50) Das ... kann nach meiner Ansicht nur dadurch erreicht werden, daß... (S. 51) man sich ... nach meiner Meinung ... (S. 54) richtet. Und das ... wäre nach meiner Ansicht (...) nicht zweckmäßig. (S. 59) Denn diese Ansicht hat meines Erachtens weit mehr gegen, als für sich. (S. 62) Denn nach meiner Ansicht ist ... (S. 60) aus diesem Grund sind die Vorschläge nach meiner Ansicht abzulehnen. (S. 63) Eine ausgleichende Instanz ist daher meines Erachtens unerläßlich. (S. 64) Die soll (...) nach meiner Ansicht (...) entscheiden können. (S. 66) Doch auch diese Auffassung ist meines Erachtens ein Schritt gegen die Einheit der Familie und daher abzulehnen. (S. 88) Ich möchte mich dem zweiten Vorschlag anschließen. (S. 82)

Innerhalb dieser beiden Hauptgruppen gibt es nun noch mehrere Ansichten, die Mittelmeinungen und Kompromißlösungen vertreten. (S. 61) Trotzdem ist der h.M. (= herrschenden Meinung, d. V.) insoweit beizutreten, ... (S. 22), ich möchte mich dieser Meinung anschließen. (S. 72) Allerdings: ... ohne vorerst an ernste Meinungsverschiedenheiten zu denken, die weiter unten behandelt werden sollen ... (S. 40)

Die Natur der Dinge

Fest steht jedenfalls: **Die Entwicklung der deutschen Rechte zeigt die deutliche Tendenz, die Frau von den Beschränkungen der Geschlechtsvormundschaft zu befreien und ihr eine gleichberechtigte Stellung neben dem Manne einzuräumen.** (S. 12) So wie der Schäferhund rechts neben dem Herrchen laufen darf. Und gleichzeitig hat eine seltsame Triebhaftigkeit der Frau zu Veränderungen geführt: **Seither haben unerbittliche Notwendigkeiten die Frau mehr und mehr in das öffentliche Leben und in alle Berufszweige getrieben.** (S. 33) Jetzt wuchern die Schlampen überall in Fritzchens Männerwelt. Aber das müssen die privilegierten Frauen teuer bezahlen: **Die Anpassung der geltenden Gesetze an das Prinzip der Gleichberechtigung wird manche Vorrechte, die die Frauen bisher genossen haben, beseitigen müssen, ...** (S. 30) Vorbei die paradiesische Zeit des First-seins für die Lady, niemand hilft ihr mehr in den Mantel? Nein, ihr soll natürlich das Geld beschnitten werden, wenn sie den Mann verläßt. Soll sie doch selbst sehen ...!

Was an Gleichberechtigung zuviel ist, ist eben zuviel: **Das würde heißen, zu übersehen, daß Mann und Frau außerhalb und auch in der Ehe ganz verschiedene Aufgaben zu erfüllen haben, die von Natur und Gesellschaftsordnung normiert sind.** (S. 34) So liegt bekanntlich die Frau unten, der Mann oben. **Es liegt sicher genau so in der Natur der Dinge begründet, daß die Frau in weit stärkerem Maße als der Mann die Erziehung der Kinder in die Hand nehmen muß; sie ist oft im Haus, während der Vater den Tag auf der Arbeitsstätte verbringt.** (S. 38) Wo er als rechtschaffener Dachdecker angeknackte Schindeln austauscht. Ja, für Fritz Zimmermann ist die Welt noch in Ordnung. Und um auch die zu beschwichtigen, die da anderer Meinung sind: **Man darf wohl nicht vergessen, wann die Motive entstanden sind, wenn man sich heute an der »Natur der Dinge« stößt.** (S. 33) Nun sind wir aber gespannt: **Von der katholischen Moraltheologie her drang die Auffassung ein, daß der Mann auch in sittlicher Beziehung höher**

stände als die Frau. (S. 13) Dann wird sie schon irgendwie stimmen.

Wer so richtig Gleichberechtigung haben will, dem ruft unser Friederich, ein arger Wüterich, zu: »Geh doch rüber in den Osten!« **Die sowjetrussische Gesetzgebung ist naturgemäß diejenige, die die Gleichstellung von Mann und Frau am weitestgehendsten und radikalsten durchgeführt hat.** (S. 99)

Rüber wollen wir nicht. Wir stürzen uns lieber auf die Subtilitäten des Ödipus-Verhaltens: **Schließlich ist es auch, vom psychologischen Standpunkt aus betrachtet, eine Erfahrungstatsache, daß häufiger die Mütter besonders an ihren Söhnen hängen und demzufolge gerade deren Ausbildung in Schule oder Beruf besonders sorgfältig überwachen, wie auch umgekehrt.** (S. 63) Söhne überwachen besonders sorgfältig die Ausbildung ihrer Mütter in Schule oder Beruf. Mitunter allerdings — zerrüttete Verhältnisse — ist dem Sohn die Ausbildung der Mutter schnuppe oder umgekehrt: **Die Notwendigkeit einer rechtlichen Regelung dieses auf sittlicher und ethischer Grundlage aufgebauten Verhältnisses ergibt sich aus der Tatsache, daß es Fälle gibt, in denen die eben aufgezeigten Grundlagen des Eltern-Kindesverhältnisses infolge menschlicher Schwäche und Unzulänglichkeit verkümmert oder gar nicht mehr vorhanden sind ...** (S. 19) Aber hüten wir uns davor, die Sache zu dramatisieren. Wichtig ist die Liebe, auch in ihren Sonderformen: **Zum anderen wird der Einfluß des Ehegatten, der seine Pflichten gegenüber dem Kinde verletzt oder sogar ein Verbrechen an dem Kinde begangen hat, wohl überschätzt.** (S. 79) Ein bißchen Sex mit Vati kann schließlich auch ungeheuer Spaß machen.

Wenn's nicht mehr klappt in der Ehe, trennt man sich mitunter. Auch hier weiß Zimmermann Scharfsinniges anzumerken: **Daß eine neue Wohnsitzbegründung der Ehefrau aber eintreten muß, wenn sie von ihrem Mann getrennt lebt, wird mehr und mehr befürwortet.** (S. 89) Es bedarf eben unkonventioneller Maßnahmen, **um diese Trennung in jeder Beziehung zu einer klaren und reinli-**

chen zu machen ... (S. 85) Denn — und auch das muß mit aller Klarheit und Reinlichkeit über die naturgemäße Natur der Sache gesagt werden: **Die Scheidung oder Aufhebung der Ehe zerreißt nun einmal die eheliche Lebensgemeinschaft ... (S. 85)**

Es geht in jedem Falle die Meinung des Vaters vor

Das Grundgesetz (...) proklamiert die Gleichberechtigung nicht mehr »grundsätzlich«, sondern schlechthin ... (S. 26) Ein hochinteressanter Unterschied. **Damit kann nicht gemeint sein, daß nun Männer und Frauen identische Rechte haben müßten, was man nur aus einer Gleichartigkeit der Geschlechter folgern könnte. (S. 29)** Und wie jeder gute Studiosus in biologisch sehr lehrreichen Etablissements gelernt hat, stehen dieser Gleichartigkeit zwischen den Oberschenkeln angebrachte Tatbestände und Fakten entgegen. **Gemeint ist vielmehr eine Gleichwertigkeit von Mann und Frau. (S. 29)** Doktorant Zimmermann treibt die Geschlechterforschung um weitere entscheidende Schritte voran: **Es gibt Tatbestände, die nur bei der Frau gegeben sind, wie die Schwangerschaft...** — wo er recht hat hat er recht — **... und solche, die zum Schutz ihrer Persönlichkeit geschaffen wurden, wie die besondere Behandlung der weiblichen Geschlechtsehre. (S. 29)** Doch damit allein erschöpfen sich die Besonderheiten des weiblichen Geschlechtes keinesfalls, selbst im Tod ist es allein die Frau, die zum Zombie werden kann: **Demzufolge muß, falls die elterliche Gewalt durch Todeserklärung der Mutter beendet worden ist, in Zukunft auch sie, wenn sie noch lebt, die elterliche Gewalt durch Erklärung gegenüber dem Vormundschaftsgericht wiedererlangen können. § 1679/BGB (S. 83)** Zuerst erklärt sich die Mutter für tot, ihre elterliche Gewalt ist im Eimer. Oder wie Zimmermann es verquasen würde: **... doch verschwand die sich allmählich**

bahnbrechende mütterliche Gewalt vollkommen. (S. 13) Lebt die tote Mutter noch, schaut sie rasch beim Vormundschaftgericht vorbei und versucht, die elterliche Gewalt wiederzubeschaffen. Wen betrifft das Gesetz, das dieses regelt? :**... in unglücklichen Ehen — und gerade für solche ist das Gesetz von Bedeutung ...** (S. 38)

Die wichtigste Frage der Neuregelung (des Gesetzes) überhaupt ist wohl die, was zu geschehen hat, wenn sich die Eltern über irgendein Problem der elterlichen Gewalt, die ja von ihnen gemeinschaftlich ausgeübt werden soll, nicht einigen können. Für eine glückliche Ehe wird diese Frage wohl kaum jemals akut werden können. (S. 60) Allerdings, denn in glücklichen Ehen gilt selbstverständlich: **In der Regel wird die Meinung der stärkeren Persönlichkeit, die oft der Vater sein wird, es aber nicht zu sein braucht, den Ausschlag geben.** (S. 40)

Nun soll es ja auch unglückliche Ehen geben, also solche mit einer Frau, die auch mal eine Meinung hat, anstatt nur dumm, geil, hübsch und folgsam zu sein. Da sieht die Sache ganz anders aus: **Können sich die Eltern bei der Frage, in der sie beide mitbestimmen wollen, nicht einigen, so geht in jedem Falle die Ansicht des Vaters vor, ganz gleichgültig, welche Materie sie betrifft.** (S. 36/37)

Und damit alles von Natur aus klar, reinlich und natürlich naturgegeben zugeht: **Selbst dann, wenn der Vater, nur um den Willen der Mutter zu durchkreuzen, ihrer Ansicht widerspricht, muß seine Entscheidung als gültig angesehen werden.** (S. 37) Denn was Vati will, das ist eben **... letztwillig ...** (S. 15)

Prof. e. h. Dr. h. c. Franz-Joseph Strauß

Prof. e.h. Dr. h.c. Dr. h.c. Dr. h.c. Dr. h.c. Dr. h.c. Franz-Joseph Strauß

Si tacuisses . . .

»Si tacuisses, philosophos mansisses«
(Wenn du geschwiegen hättest, wärest du ein Philosoph geblieben)
Anicius Manlius Severinus Boëthius (um 476—524)

Franz-Joseph nahm sich diese Lebensweisheit des Lateinlehrers — jeder Latein-
schüler bekommt sie zu hören, wenn er sich meldet, aber dann doch nichts weiß —
zu Herzen und hat nie promoviert. So vermied er elegant eine Blamage.
    Trotzdem nachträglich herzlichen Glückwunsch zu den Ehren-Doktor-Hüten:
1. Universität Detroit (1956)
2. Universität Cleveland (1962)
3. Calamazoo College (1962)
4. De-Paul-Universität, Chicago (1964)
5. University of Dallas (1980)
und der Professur ehrenhalber im schönen Chile (1977).
Inzwischen sind sicher noch welche dazugekommen.

71

Dr. Heiner Geißler

Dr. Heiner Geißler

Ein Gewissenssimulant

Gewissensbedingte Polygamie

MEINEN ELTERN erklärt Geißler: **Das sittliche Bewußtsein unserer Rechtsgemeinschaft bewertet überhaupt den Gehorsam gegenüber dem Gewissen als Inbegriff sittlicher Tugend, ...** (S. 146), aber dies — da Gewissen nicht gleich Gewissen ist — nur mit Einschränkungen: **... wenigstens soweit ein solches gewissensmäßiges Verhalten selbst nicht wieder gegen klar erkennbare objektive sittliche Grundsätze verstößt (wie z.B. die gewissensbedingte Polygamie).** (S. 146) Verdammt, genau unter der leide ich schon seit Jahren! Ist mein Leben verpfuscht? Zum Glück kennt das Gewissen Hintertürchen: **Das Gewissen als intimer Vorgang entzieht sich einer derartigen Reglementierung.** (S. 55) Das war nochmal knapp. **Freilich verpflichtet die Schwierigkeit der Materie, die daraus folgenden großen Irrtumsmöglichkeiten und die Bildungsfähigkeit des Gewissens grundsätzlich zu einer sorgfältigen Prüfung der Lage.** (S. 100/101) Könnte meinen: gar nicht so einfach, die Harems-Favoritinnen von der Gewissenhaftigkeit der Polygamie

Geißler, Heinrich: »Das Recht auf Kriegsdienstverweigerung nach Art. 4 Abs. 3 des Grundgesetzes.« Reutlingen, 1960.
Signatur: U 60. 8037
(hingeschwiemelt im Alter von 30 Jahren)

zu überzeugen. Vielleicht meint Familien-Heiner auch, daß das konventionelle monogame Intim-Gewissen noch bildungsfähig ist.

Der Gewissensruf ist immer eindeutig

Wenden wir uns also einstweilen dem Gewissenserlebnis zu: **Wir erleben es immer wieder als »innere Stimme«, als »Schuldgefühl«, als »böses Gewissen«, (S. 41) ...das »warnende«, das »böse« und das »gute« Gewissen...** (S. 42), das vielweibernde Polygamisten-Gewissen äußert sich in schlüpfrigen Phantasien. **Es darf kein Unterschied gemacht werden zwischen einem sogenannten irrenden Gewissen und einem »normalen« Gewissen. (S. 48)** Heißt das, daß gewissensbedingte Polygamie doch normal ist? Alle normalen Männer zumindest träumen davon! **Eine der wesentlichsten Folgerungen, die sich aus Art. 4 I GG unbestritten ziehen lassen, ist das Recht, keine Religion zu haben. Dies ist jedoch keineswegs gleichbedeutend mit dem Recht, gewissens-los zu sein. (S. 124)** Ein schlimmes Los, gewissens-los zu sein, und das obendrein, ohne ein Recht darauf zu haben. Um den verknoteten Gewissens-Begriff zu entwirren, klärt Gewissens-Kenner Geißler ein für alle mal: **Bei näherem Betrachten muß jedoch folgendes auseinandergehalten werden: Ebenso, wie z.B. dem R e c h t s w e r t der Menschenwürde der Mensch als Seiendes, als ontische Gegebenheit zu Grunde liegt, hat der Rechtswert der Gewissensfreiheit das G e w i s s e n als s e i n s m ä ß i g e T a t s a c h e zur Voraussetzung, d.h. ebensowenig wie der »Mensch« als ontischer Grund für den Rechtswert der Menschenwürde es erlaubt, diesen Rechtswert z.B. auch Nicht-Menschen, Tieren, zukommen zu lassen, kann auch das Recht auf Gewissensfreiheit für ein Phänomen in Anspruch genommen werden, das ontisch nichts**

74

mit dem »Gewissen« zu tun hat. (S. 37) Aha: wer als Tier Menschenrechte für sich reklamiert, der wird von Heiner genauso abgeschmettert, wie das Tier mit Gewissen. Merke: Tiere sind gewissenlos! Viele Tiere neigen trotzdem zur Polygamie, offenbar nicht aus Gewissensgründen.

Viel falsch machen kann man mit dem DIN-Gewissen nicht, es ist idiotensicher: **Der Gewissensruf ist immer eindeutig.** (S.49) Heißt praktisch: **Es wird z.B. immer nur davor warnen, diesen Ring, diese Uhr zu stehlen, diesen Menschen, dieses Tier zu schlagen, nicht dagegen den »Ring als solchen«, den »Menschen als solchen« usw.** (S. 56) Denn so intolerant ist das Gewissen auch wieder nicht, daß es grundsätzlich etwas gegen jeden Uhrenklau oder jedes Menschenschlagen haben könnte.

Die Feinheiten des Gewissenserlebnisses

Wo ein Gewissensruf ist, da ruft auch was: das Gewissen wahrscheinlich. Aber was ist das? Eine ebenso schwierige wie brennende Frage: **Die bedeutendste Erschwerung jedoch in der Auslegung (...) bildet das Tatbestandsmerkmal »Gewissen«.** (S. 18) Konnte. Friedrich Zimmermann den typisch weiblichen Tatbestand der Schwangerschaft noch scharfsinnig am dicken Bauch erkennen und sich erfolgreich gegen jede Ausdehnung auf den Mann wehren, so hat es Heiner mit dem Gewissen nicht so leicht. Und leider: **(...) das Phänomen als solches konnte nicht hinwegdiskutiert werden.** (S. 41) Ein wenig enttäucht sind wir schon, denn sonst gelingt dies Geißler eigentlich immer. Beim Wegdiskutierversuch fallen Denkanstöße an, Heiner nimmt sich vor ... **die dadurch gewonnen Erkenntnisse mit den Einsichten der wissenschaftlich-psychologischen Gewissensforschung zu vergleichen.** (S. 40) Aber die Gewissensforscher scheinen auch nicht sonderlich fleißig gewesen zu

75

sein. Geißler erspart uns Details und Hin und Her: **Die Existenz des Gewissens muß nicht erst bewiesen werden.** (S. 40)

Wer nicht so gern abstrakt wird, behilft sich mit der »ist-zum-Beispiel-wenn-Methode«: **Beabsichtigen wir z.B. jemanden zu belügen, so kann es geschehen, daß sich aus unserem Innern heraus Widerspruch erhebt, daß wir gemahnt werden, bei der Wahrheit zu bleiben.** (S. 42) Das kann geschehen, aber eben nur »kann«. Wie hätten sonst Mieten-Lüge und auch Rentenlüge entstehen können? Einen Sonderfall sogar beschreibt Geißler: **Diese Mahnung begleitet uns zuweilen sogar noch während unserer Handlungen.** (S. 42) Wie in Achim Schwarzes Standard-Werk der postmodernen Gewissensforschung »Das Gewissen« in Band II auf S. 448 ff. nachzulesen ist, meldet sich besonders das Lenor-Gewissen auch w ä h r e n d des gesamten Waschvorgangs! **Dies darf nun nicht in dem Sinne mißverstanden werden, als werde das Gewissen der menschlichen Vernunft unterworfen.** (S. 48) Nicht unbedingt zwingend schreibt die Vernunft Aprilfrische vor!

Doch nicht nur Geißler und Schwarze haben sich um die Beschreibung des Gewissens-Phänomens verdient gemacht: **In ergreifenden Worten hat die Dichtung aller Zeiten den vom Gewissen gejagten Menschen geschildert, der vor sich selber flieht, obwohl ihn niemand verfolgt, der sich versteckt, obwohl ihn niemand sucht, der sich straft, obwohl ihn niemand anklagt.** (S. 68) Und immer hat das Gewissen recht: **Es kann also kein irrendes Gewissen geben; ...** (S. 47) Es sei denn, wir irren uns: **... nur unsere Werterkenntnis kann falsch sein.** (S. 47) Was nur dem Wirrkopf nicht passieren kann: **Dies setzt jedoch voraus, daß die Werterkenntnis ebenfalls eindeutig ist.** (S. 49) Nur der Klare kann falsch liegen und sich damit ein irrendes Gewissen verdienen, was bekanntlich dasselbe ist wie ein normales Gewissen! Das war das Geheimnis? Zu früh gefreut! **Die Feinheiten des Gewissenserlebnisses sind damit natürlich noch nicht dargestellt.** (Fußnote, S. 42)

Durchbruch zum Gewissen

Wer sich — wirr oder nicht — auf sein Gewissen herausreden will, der ist einen Nachweis schuldig: **Immer muß jedoch das Gewissen in Mitleidenschaft gezogen sein.** (S. 132) Bestimmte Personengruppen heucheln allerlei Gewissenssorten, aber denen kommt Geißler auf die Schliche. Er stellt fest, daß ... z.B. **Weltgewissen, Zeitgewissen, das »Gewissen der Industriellen«, auch das sogenannte »christliche Gewissen« keine Gewissenserscheinung sind** (S. 54) und hat damit die gewissenlosesten Auffassungen und Gruppen in diesem unseren Lande enttarnt.

Das enthebt allerdings den Juristen im Elfenbeinturm — gewissermaßen — nicht von einer kniffligen Aufgabe: **Der Jurist findet das »Gewissen« als gegeben vor. Er muß daher versuchen, dieses Phänomen so zu erschließen, wie es sich (...) in der Wirklichkeit verhält.** (S. 37) Nach dem Prinzip forschen, klar sehen! So etwas kann man einem Geißler schwerlich zumuten: **Gerade einfachen Menschen wird es oft nicht gelingen, einen als richtig empfundenen Grundsatz diskursiv zu beweisen.** (S. 51) Sicherlich, einige scharfsinnige Ansätze lassen sich auch bei Heiner nicht übersehen. So stellt er fest, daß ... **bestimmte Verrichtungen wie z.B. Schießen, praktisch nur selbständig und mit eigenem Willen vorgenommen werden können.** (S. 65) Aber zu einer Antwort auf die brennenden Gewissensfragen, die lauten Gewissensrufe im Kopf, vermag auch das nicht zu verhelfen: ... **(so) müßte eigentlich der Jurist dort Auskunft zu bekommen erhoffen, wo dieses Problem schon lange erkannt und untersucht worden ist, nämlich bei der Theologie und der Moral- und Rechtsphilosophie. Die Antwort ist allerdings enttäuschend.** (S. 26)

So bitterlich allein gelassen auf weiter Gewissensflur, wirft Heiner die Flinte ins Gewissenskorn: **Infolgedessen muß, (...) mangels anderweitiger Anhaltspunkte angenommen werden, daß der Verfassungsgeber mit dem Begriff »Gewissen« nun auch tatsächlich das gemeint hat, was das Gewissen in Wirklichkeit ist.** (S. 38) Was auch immer Gewissen ist.

Wir wissen nicht, aus was »Lenor« genau besteht, aber es befindet sich in der unverkennbaren blauen Plastikflasche mit Griff. Ohne blaue Flasche kein echtes Lenor. **Ein Gewissenserlebnis ist nur möglich, wenn wir uns in einem inneren Konflikt befinden. (S. 46)** Aber nicht jeder hat Konflikte. So stellt sich ... **die Frage, (...) ob der Wehrpflichtige im Alter von 18 bis 20 Jahren überhaupt ein Gewissenserlebnis haben kann. (S. 66)** Naja, verspätete Pubertät, Polygamie-Träume und Pickel, da müßten sich doch ein paar innere Konflikte finden lassen. Zum Glück gibt es die moderne Gewissensforschung: **Die wissenschaftliche Forschung steht wohl heute auf dem Standpunkt, »daß der entscheidende Durchbruch zum Gewissen zwischen dem 18. und 19. Jahr vollzogen wird.« (S. 67)** Und sogar Frauen können ein Gewissen haben. Folglich: **Die Berechtigung, (...) den Kriegsdienst mit der Waffe zu verweigern, steht grundsätzlich auch Frauen zu. (S. 23)**

Chirurgische Eingriffe, Elektroschocks, Daumenschrauben

Wir wissen schon, daß das Gewissen mitunter davor warnt, eine bestimmte Uhr zu klauen oder einen bestimmten Menschen zu schlagen, natürlich nicht grundsätzlich. Aber Gewissen leistet noch viel mehr, es warnt per eindeutigem Gewissensruf vor der Unterlassungssünde im Osten : **Auch ein Unterlassen kann sündhaft sein: wer unter relativem Zwang sonntags nicht zur Kirche geht, obwohl ihn sein Gewissen dazu verpflichtet, trägt relativ die gleiche sittliche Verantwortung für sein Verhalten wie derjenige, der unter den gleichen Voraussetzungen sein Kind — gegen sein Gewissen — zu einer atheistischen Jugendweihe schickt oder an einer antireligiösen Demonstration teilnimmt. Beide Verhaltensweisen sind unsittlich. (S. 131)** Diese Schelte gilt den Gewissensfeiglingen in der Ostzone. Das bißchen gesellschaftliche Benachteiligung drüben sollte einem der Gewissensruf zur sonntäglichen Heilands-Anbete schon wert sein. Aber die Strafe folgt auf dem Fuße: ... **so steht (...) innerer Zwang gegen äußeren Zwang. Dieser Widerstreit kann den Menschen unter Umständen personal zerbrechen, vor allem dann, wenn er dem Gewissensruf nicht folgt.** (S. 132)

Keine Angst, Geißler mutet uns hier keine weitergehende Analyse zu: **Wir können das Gewissen letztlich nicht deuten. Wir erleben in uns etwas Unfaßbares, eine Macht, die wir nicht begreifen, (...) die uns wehrlos macht, eine Autorität, der wir ausgeliefert sind, eine Instanz, die bedingungslos und kompromißlos urteilt.** (S. 68) Was genau das Gewissen ist, bleibt weiterhin im Dunkeln für Heiner — bis heute. Aber es hat brutal autoritäre Züge und läßt sich im Gegensatz zu Marmor, Stein und Eisen oder porzellan-personalen DDR-Zwangsheiden auch nicht brechen, nicht mal erschüttern: **Für das Gewissen wäre dies auch bedeutungslos. Läßt sich die einmal gewonnene Wertschau durch nichts mehr erschüttern, so ist der daraus folgende Gewissensruf ein echtes Gewissensurteil.** (S. 51)

Aber es gibt nichts in dieser Welt heute, daß man nicht doch irgendwie in die Mangel nehmen könnte, nicht einmal das Gewissensurteil: **Dennoch ist es heute möglich, auch die Integrität des Gewissensurteils anzutasten. Inwieweit man solche Folgen durch chirurgische Eingriffe oder durch Elektroschocks und Insulinschocks herbeiführen kann, wird hier nicht abschließend beantwortet werden können.** (S. 61) Für Folter-Interessierte folgen weiter unten dennoch ein paar interessante Details zum Stand der Folterforschung von Dr. Geißler und Mr. Hyde.

Erstmal will Geißler über sittlichen Wert und Unwert von Verteidigungskriegen und ihren Varianten nachdenken. Das ist bitter nötig, **da (...) nicht nur gerechte, sondern auch unsittliche Verteidigungskriege denkbar (...) sind.** (S. 113) Nicht jede Verteidigung also ist sittlich einwandfrei. Keine Probleme im Falle unserer herzensguten Vorbild-BRD, allerdings nur, wenn man davon ausgeht, daß ... **die Bundesrepublik faktisch keinen Angriffskrieg und keinen ungerechten Verteidigungskrieg führen kann.** (S. 113) Doch Vorsicht: **Eine solche Folgerung wird jedoch bei aller Hochschätzung der rechtsstaatlichen Demokratie niemand ziehen wollen, ...** (S. 113) Denn man weiß nie, was aus der Wende-Republik eines deutschen Tages wird. Was auch immer: **Das Verteidigungsrecht steht jedoch auch einem solchen (diktatorisch totalitären) Staate zu** (S. 103), auch wenn dessen Verteidigung vielleicht ein bißchen unsittlich wäre.

Zukunft: weiß man noch nicht, aber — siehe oben — eine Menge kann sich Geißler vorstellen. Und, bei allen guten Vorsätzen: **Es ist dem Staat nicht in jedem Fall verboten, jemanden zu einem gewissenswidrigen Verhalten zu zwingen.** (S. 138) Wie kann Vater Staat das erreichen? **Die Skala seiner** (des Staates, d. V.) **Einflußmöglichkeiten reicht von der Daumenschraube bis zu den eleganteren Mitteln der Drogen und des Einsatzes einer monopolartigen Propaganda.** (S. 60) Neben Daumenschraube, den eleganten Modedrogen Kokain und Heroin sowie der allgegenwärtigen BILD kommt freilich noch ... **absoluter psychischer Zwang z.B. die Hypnose** (S. 60) in Frage. **Eine unübersteigbare Sperre besteht für ihn (den Staat) erst in der von der Menschenwürde beinhalteten Sphäre.** (S. 138)

Keine Ahnung, wo für Heiner die Menschenwürde anfängt, die reine Gewalt gegen Menschen allein kann jedenfalls nicht gemeint sein: ... **z.B. das Schlagen eines Kindes, kann je nach der Situation einmal als unsittlich, einmal als sittlich wertvoll erkannt werden. Die Norm wird also nicht lauten: Du darfst ein Kind nicht schlagen, sondern z.B.: Du darfst das Kind des Nachbarn nicht schlagen.** (S. 56) Und einen weiteren Beweis für das verwickelte Verhältnis von Schläger und Geschlagenem tritt Ex-Familien-Geißler an: **Mancher wird seinem Vater, der ihn ungerecht schlägt, keinen Widerspruch leisten, eben weil es sein Vater ist.** (S. 84) Liebe zu Vati oder Vater Staat, oder schlichte Einsicht, daß man mit Erdulden besser fährt, weil Vati vier Köpfe größer ist und sich seine Muskelpakete umgeschnallt hat? **Tritt die Situation ein, daß mit der Verteidigung eo ipso die eigene Vernichtung verbunden ist, so wäre eine solche »Verteidigung« ein Widerspruch in sich, ...** (S. 81) Eben!

Nun soll es ja Leute geben, die schlechthin dagegen sind, Uhren zu klauen oder Menschen zu schlagen, die nicht nur die Blagen des Nachbarn schonen, sondern sogar die eigenen. Da kommt man bei Heiner nicht mit durch, denn das ist nicht das Gewissen, nicht das »normale« und nicht das »irrende«, das es gar nicht gibt. So Typen sind einfach Drückeberger, Gewissenssimulanten, Abschaum, ohnehin unbrauchbar: **Wird einmal ein Gewissenssimulant als Kriegsdienstverweigerer anerkannt, so verliert die Bundeswehr schlimmstenfalls einen Soldaten, dessen Einsatzfähigkeit vermutlich äußerst begrenzt gewesen wäre, ...** (S. 170)

Die Gewissensprüfung, juristisches Urteil über das intime Gewissensurteil für oder gegen den Kriegsdienst, ist sowieso nur Mache: **Um den Begriff »Gewissen« juristisch faßbar zu machen, ist es nicht nötig, danach zu fragen, was das Gewissen ist, ...** (S. 38) Jedenfalls, so Geißler heute, hat **der Pazifismus der dreißiger Jahre Auschwitz erst möglich gemacht.** Gewissensbedingter Pazifismus führt in die Katastrophe. Es gibt andere Länder, die weit mehr als wir aus der Geschichte lernen und vorbauen: **Keine Befreiungsgründe sind in Südrhodesien genannt.** (S. 13)

Dr. Otto Graf Lambsdorff

Dr. Otto Graf Lambsdorff

Lästig, aber nicht ungerecht

Zu außergewöhnlichen Zeiten wendet der Gesetzgeber gern außergewöhnliche Maßnahmen an. **Man wird sogar noch weiter gehen dürfen: Außergewöhnliche Zeiten verpflichten den Gesetzgeber zu außergewöhnlichen Maßnahmen.** (S. 12) Steuererlaß für den einen oder anderen Duzfreund im Frieden, Beschlagnahme von Autos und Wohnungen im Krieg: **In Kriegszeiten wird der Bewohner eines Grenzdorfes es als richtig empfinden, daß sein Haus und die Häuser aller seiner Dorfgenossen aufgrund eines Gesetzes, wie es das RLG** (= Reichsleistungsgesetz, d.V.) **ist, mit Truppen belegt werden.** (S. 53) Ist ja schließlich für's Vaterland. **Das deckt sich mit seinen generellen Vorstellungen von den Notwendigkeiten eines Krieges, vielleicht auch mit bereits gemachten Erfahrungen.** (S. 53) Ob Einsicht in die Notwendigkeiten eines Krieges oder pure Gewöhnung an staatliche Willkürmaßnahmen: **Eine Zustimmung, der man sich in vollem Maße anschließen kann.** (S. 34) Diese Notwendigkeiten des Krieges werden **als außergewöhnlich lästig, aber nicht als ungerecht angesehen.** (S. 53)

Lambsdorff, Otto Graf: »Abschied vom Reichsleistungsgesetz unter besonderer Berücksichtigung der aktuellen Rechtssprechung zum RLG«. Köln, 1952.
Signatur: U 52.5476
(gähnend ausgedacht im Alter von 26 Jahren)

Nicht viel anders im Frieden: **So wird jeder das Zahlen von Steuern als notwendig, gewohnt und richtig empfinden, das Abführen von 30 — 50 % des Einkommens aber als ungewohnt und daher ungerecht.** (S. 53) Solche Steuersätze sind ganz klar schlimmer als das Wüten der Wehrmacht im beschlagnahmten Hause. Man möchte fast sagen: **Derartige Gedanken rütteln an den Grundfesten unseres bürgerlich-rechtlichen Systems.** (S. 28) Unerträglich! **Es verletzt alle üblichen »Spielregeln« zwischen Herrschenden und Beherrschten ...** (S. 53)

Und wo es Ärger gibt, muß ein deutsches Gericht her: **Die hierzu ergangene Rechtsprechung ist — wohlwollend ausgedrückt — von einer geradezu erschreckenden Verworrenheit. Die Gerichte haben sich teilweise zu Konstruktionen verstiegen, die jeder klaren Linie entbehren.** (S. 26) Man möchte sich schon fast zum Widerstandskampf berufen fühlen.

Die schwer zu entkräftende Gewichtigkeit

Aber erst beschweren wir uns. Doch **was soll geschehen, wenn z.B. die für eine Beschwerde vorgesehene Verwaltungsbehörde nicht reagiert?** (S. 20) Suchen wir den Fehler erstmal bei uns! Haben wir denn das Recht, uns zu beschweren? Haben wir überhaupt schon die Zeitung gelesen? **Weiter besteht auch hier die Gefahr, daß er sein Beschwerderecht verliert, nur weil an diesem Tage er die Zeitung nicht liest.** (S. 31) Fragen über Fragen: **Schon daraus erhellt die Notwendigkeit ...** (S. 1), nach einer Antwort zu suchen. **Selbstverständlich müssen wir dabei an den Normalbürger denken, auf den die Normen des Gesetzgebers zugeschnitten sein sollen.** (S. 52)

Dem Normalbürger sei gesagt: **Die Klage auf bürgerrechtlicher Anspruchsgrundlage ist also zulässig und die Rechtsgültigkeit des

Verwaltungsaktes ist dann Vorfrage gem. § 148 ZPO, wenn das Petitum nicht auf Feststellung der Ungültigkeit des Verwaltungsaktes geht. (S. 18) Unbedingt irreführend aber wäre es, würde die Untersuchung im Theoretischen steckenbleiben. (S. 1) Wer soll denn nun entscheiden? **Eine schwierige Auseinandersetzung, wenn man bedenkt, wie lange nach dem Kriege wir keine ordnungsmäßig arbeitende Verwaltungsgerichtsbarkeit hatten.** (S. 39) Aber auch ... **in Verfolg der deutschen Kapitulation** ... (S. 5) und im Gegensatz zum durchschnittlichen Preisausschreiben : ... **die Antwort kann auch hier nur lauten: Der ordentliche Rechtsweg ist zulässig.** (S. 20)

(Die) schwer zu entkräftende Gewichtigkeit (S. 34) einer solchen Aussage schreit nach der Fachmann-Frage: **Ist es aber Recht?** (S. 52), die in eine Laienfrage übersetzt werden kann: **Oder, wie der Nichtjurist fragen würde: Ist ein solches Gesetz recht, ist es richtig?** (S. 52) Ist vielleicht der Zweck des Gesetzes schon fortgefallen? Auf eine der mehreren möglichen Arten, denn **der Fortfall des Zweckes oder des Zieles eines Gesetzes kann in den verschiedensten Formen auftreten.** (S. 46) Zum Beispiel **kann eine Ordnungsvorschrift hinfällig werden, weil der Lebenstatbestand, auf den sie zugeschnitten war, durch faktische Ereignisse überholt oder gar vernichtet ist.** (S. 46) Niemand kann z.B. heute auf die Idee kommen, große Parteispenden wären Steuerhinterziehung. Aber unbeschadet dessen und egal, ob ein Gesetz noch irgendeine reale Grundlage hat: **Das Grundgesetz verlangt das Gesetz-vor-Recht-denken.** (S. 54) Was selbstredend immer meint: **Recht im Sinne des Staatsbürgers, des Untertanen — den es natürlich auch in der Demokratie gibt — ist ein Zustand, den er als gerecht, als richtig empfindet.** (S. 52) Oder zählt das Gerechtigkeits- und Richtigkeits-Empfinden des Untertanen doch nicht so viel, noch weniger gar als die Zweckmäßigkeit eines Gesetzes? **So wäre es ein unerträglicher Eingriff in die Souveränität des Gesetzgebers, wollte man alle Gesetze für ungültig ansehen, nur weil ihr Zweck (...) hinfällig geworden ist.** (S. 47)

Dies sind des Studiosus' theoretische Untersuchungen, und

theoretische Untersuchungen müssen im luftleeren Raum schwe-
ben, weil eben nur die Definition des Bundesverfassungsgerichtes
hinsichtlich des Geistes des Grundgesetzes verbindlich sein wird.
(S. 55) Fragen wir es doch! **Sie aber ist uns bis heute noch nicht
bekannt; das BVG hat seine Arbeit noch nicht aufgenommen.** (S.
55) Was machen wir nun? **Damit bleibt als Ergebnis, daß eine Un-
vereinbarkeit des RLG mit dem Grundgesetz nicht festgestellt werden kann.** (S. 55) Und so manches andere genausowenig: **Die Er-
örterung in diesem Punkt bestehender Bedenken muß der Verfas-
ser sich leider versagen, weil sie vom Thema abweichen.** (Fußnote,
S. 3) Denn: **Die Uneinheitlichkeit ist erschreckend.** (S. 34)

Dr. Norbert Blüm

Dr. Norbert Blüm

Wir sind nicht ständig bei uns

Ein Ich fragt nicht ins Dunkel

Ich brauche keinen Ghostwriter, behauptete Blüm kürzlich. Er hat recht. Was Norbert da höchstselbst aufs Papier bannt, könnte auch von einem professionellen Gag-Schreiber nicht besser gereimt sein.

Blüm sucht das Motiv fürs Denken direkt unter der Gürtellinie: **Schmerz und Lust sind die Triebfeder aller geistigen Tätigkeit. (S. 60),** womit er gleich klarstellt, daß wir uns nun auf eine Reise ins bizarre Land des Sado-Masochismus begeben. Denn **Lust-wollen ist der genetische Stamm der Erkenntnis. (S. 60)** Und in der Krone dieses Baumes der Erkenntnis wächst die Frage: Was ist das Schöne am brutalen Sex?: **Indem ein Lustgefühl im Versinken des Schmerzes deutlich wird, ist der Keim des Willens, die Lust, geboren. (S. 60)** Ah ja, weil es einfach geil ist, wenn der Schmerz vergeht; was bekanntlich auch das Schöne am Gegen-die-Wand-Laufen ist.

Die Schmerzen der Mittel werden in Kauf genommen, wenn ihr Preis angesichts des zu erwerbenden Zwecks ertragbar ist. (S. 55).

Blüm, Norbert Sebastian: »Willenslehre und Soziallehre bei Ferdinand Tönnies. Ein Beitrag zum Verständnis v. › Gemeinschaft und Gesellschaft ‹«. Bonn, 1967.
Signatur: U 67.2383
(im Selbstgespräch und ohne Zeugen im Alter von 32 Jahren)

Erlaubt ist und ertragen wird, was Lust bringt. Um die nebenan schlafenden Kinder nicht geistig-moralisch zu verstören, sollten wir allerdings nur geknebelten Partnern die lustvoll strenge Rute geben. Nun definiert Schwerenöter Blüm die Vorfreude des abseitigen Vorspiels: **Die Lust, die mit dem Ziel verbunden ist, kann noch gar nicht empfunden werden, ist also noch gar nicht da. Sie wird vom Kürwillen** (= fachwortistisch für »Willkür«, d.V.) **denkend als zukünftige Lust eingeschätzt, um derentwillen das Subjekt die Übel in Kauf nimmt.** (S. 55) Es ist also das Raffinement der erotischen Inszenierung, das uns motiviert.

Jede Praktik, jede Stellung, sie alle sind staatstragend, weil familienfördernd: **Verwandtschaft beruht auf dem vegetativen Willen.** (S. 81) Vegetativer Wille steht akademisch für das, was wir im Volksmund als Geilheit bezeichnen. Erst wenn Mutti und Vati sich vorgenommen haben, die amtliche Nummer zu machen, darf man auf Nachwuchs hoffen: **Das Einzelne gelangt ins Dasein durch die Kraft des Willens.** (S. 68)

Wer das selbst einmal ausprobieren will, dem sei noch ein technischer Hinweis gegeben: **Ein Ich fragt nicht ins Dunkel, sondern auf ein Du, von dem es berührt ist, indem es dieses berührt.** (S. 137) Wie auch immer wir »es« machen: **Keine Methode darf naiv und als wäre sie selbstverständlich angewendet werden.** (S. 34)

Gatten bleiben Gatten

Neun Monate später ist es soweit: **Das Gebären schafft ursprünglichste Gemeinschaft: die Blutsgemeinschaft zwischen Mutter und Kind.** (S. 83) Ein Vergewisserungsblick ins Biobuch der Oberstufe stützt Blüms kühne Wahrheiten: **Das Kind ist Leib vom Leib der Mutter und durch diese Bedingung seiner Leiblichkeit in die Einheit der Gemeinschaft verwiesen.** (S. 88) Und wieder geht es nur um »das Eine«: **Im Verhältnis der Gatten konstituiert die leibliche Geschlechtlichkeit die Einheit dieser Gemeinschaftsform.** (S. 88) Begattung s/m oder normal, Blüm dankt dem Sex die Welt. Denn schließlich: **Männer können nicht Mutter werden.** (Modernes Blümzitat) Aber: **Eine Koalition zwischen Emanzen und Biochemikern könnte uns schon bald den Menschen ohne Mutter bescheren** (Modernes Blümzitat), der Fachmann spricht von vegetativer Vermehrung.

Gegen Biochemiker und Emanzen müssen wir normal Entarteten Schulterschluß üben. Kinder haben etwas Stabilisierendes: **Gatten bleiben Gatten, weil sie gemeinsame Kinder haben.** (S. 85) Ein bißchen sexy sollten sich Adam und Eva allerdings doch finden, denn **(im) Verhältnis zwischen den Gatten, (...) ist Gefallen zwar noch immer gemeinschaftsstiftende Funktion, insofern auch das Verhältnis zwischen den Gatten ein vegetatives ist** ... (S. 84). Da aber im Laufe der Ehe er zum Schmerbauch abgleitet und auch sie immer seltener Reizwäsche auffährt, wird **das Zusammenleben (...) hier bereits für die Gewöhnung unterstützt.** (S. 84)

Wenn dann Sex nur noch an besonderen Feiertagen ausgerufen wird, auch nicht schlimm: **Geistige Gemeinschaft übertrifft an Hafttiefe und Dauer jede durch ein emotionales Erlebnis entfachte Massengesellung** (S. 139), ist also sogar attraktiver als jeder rasche Dreier oder Gruppensex.

Die Interessen des Routine-Paares ändern sich nun, die wüsten Tage der vegetativen Passion sind gezählt: **Die Gemeinschaft der Verwandtschaft ist eine Gemeinschaft der durch gemeinsame Abstammung gestifteten Gleichheit des Blutes. Ihr gemeinsamer Sitz ist das Haus,** ... (S. 81) **Das Haus ist das Erkennungszeichen der gemeinschaftlichen Familie.** (S. 91) **Das gemeinsame Haus ist gleichsam das Erkennungszeichen der Familie.** (S. 86) Bei soviel Wüstenrot kaufen wir ein Haus auf lebenslänglich Stotter, wir übernehmen uns. Vielleicht all dies nur aus purem Frust, weil vegetativ nichts läuft, denn **die Tendenz zur Lust aber bleibt die Grundbestimmung des Willens,** ... (S. 59)

Distanz zur platt-naiven Wirklichkeit

Wem diese Gedanken ein wenig weit hergeholt erscheinen, dem sagt Norbert: **Wissenschaft als Theorie existiert in einer notwendigen Distanz zur platt-naiven Wirklichkeit** (S. 35), in der gilt: **Normal ist das, was am häufigsten auftritt.** (S. 116) Womit Norbert endlich auch der Fliegen-Million, die nicht irren kann, seinen Tribut zollt. Wir, ganz Individuum, dürfen uns in vegetativen Lust- und Schmerzdingen unsere Minderheiten-Praktiken und unseren ausgefallenen Geschmack vorbehalten, denn, so sagt Blüm heute: **In den Schlafzimmern hat die Politik nichts zu suchen.**

Unterschätzen wir bitte nicht den Wert des Sex: **Das Denken wird durch die leiblichen Erlebnisse in Gang gesetzt.** (S. 51) Überschätzen wir auch nicht den Wert des Denkens: **Denken als Denken ist zu nichts fähig, weil es selbst nichts ist, wenn es nicht Form des Willens ist.** (S. 61) Die einzigen brauchbaren Gedanken entstehen also, wenn man etwas will, gern auch vegetativ, zum Beispiel irgendwen rumkriegen.

Träger eines Rotsehens

Natürlich können wir sodann die Denkleistungen fein unterscheiden und ihren Produzenten zuordnen: **Tiefsinn bietet sich als Signum der Gemeinschaft an, die aus dem Wesenswillen gespeist wird, während Scharfsinn die artistische Gedankenoperation eines rein aus dem Mentalen gesteuerten Kürwillenobjektes charakterisiert.** (S. 111) Leider verrät Blüm nicht, wessen Signum der Schwachsinn ist und woraus der Gedanken-Chirurg gespeist werden muß, wenn er den Unsinn operiert. Er läßt uns stattdessen mit blüm'schem Tief- und Scharfsinn allein: **Wir sind nicht ständig »bei uns«, weil wir nicht reiner Geist sind.** (S. 141)

So radikale Selbsterkenntnis — bekanntlich der erste Weg zur Besserung — schreit nach einem illustren Beispiel: **Indem ich Rot sehe, erkenne ich mich als Rotsehender, aber nicht selbstverständlich, sondern erst, wenn ich mir in der Erkenntnis des Rotsehens zuschaue, erkenne ich mich als Träger eines Rotsehens.** (S. 136) Wenn Blüm nunmehr — wegen Geistmangels völlig außer sich — Rot sieht, so ist nicht mal mehr der metaphysische Bereich des transzendenten Geistes vor seinen Sentenzen sicher: **Das geistige Sein führt den einzelnen zu sich und dennoch in die Allgemeinheit des Geistes.** (S. 139) Wir haben es alle schon gemerkt: Jetzt kommen die Feinheiten. Da möchte man natürlich teilhaben. Aber: **Teilhabe ist nicht Habe eines Teiles; denn geistiges Sein wird nicht aufgeteilt, wie materielle Dinge zerstückelt werden können.** (S. 139)

Womit ein höchst aufschlußreicher Ausflug in die gehobene Mathematik beginnt. **In der Einheit des Ganzen sind die Teile nicht Summanden, aus denen sich die Einheit zusammensetzte. Teile sind bereits Einheit innerhalb dieser Einheit, die von den Teilen repräsentiert wird.** (S. 47) Mengenlehre ist tatsächlich schwieriger als das Rechnen über den Zehner. **Allerdings fassen wir nicht zusammen, indem wir Ergebnisse zu einer Summe addieren, sondern prüfen durch Anwendung des bis jetzt Erarbeiteten dessen Tragfähigkeit.** (S. 115) Die Tragfähigkeit ist die Wurzel der durch die Hälfte des Ganzen dividierten negativen zweiten Potenz. Soziologisch gesehen: **Das Wir ist nicht einfach die Mehrzahl der Einzahl Ich. In ihm verändert sich das Ich, weil es sich als ein Ich in einem und durch ein Wir erfährt, in dem es auf ein Du angewiesen ist.** (S. 137) Auch unser Kanzler ergänzt subtil algebraisch: **Das blanke Ich muß wieder in dem Wir des Volkes aufgehen.** (Kohl, Stern 21.10.1982)

Wir können also konstatieren: Denken und Erkennen ist dem menschlichen Leben unentbehrlich, ... (S. 58) Ein klares Wort. **Wir haben also, gemessen an dem im ersten Kapitel Dargestellten, nichts mehr grundsätzlich Neues zu sagen, ...** (S. 68)

93

In der Erkenntnis der Beschränkung

Aber nur 68 Seiten wäre doch zuwenig. Schauen wir also im Papierkorb nach. Dort finden wir: **Die Philosphie kann sich freilich nicht anmaßen, als Platzanweiserin im Gebäude der Wissenschaft zu fungieren.** (S. 35) Wieder ein Beleg für Blüm's Leidenschaft für die Erfindung neuer exotischer Berufe und Planstellen. Gleichzeitig eine der frühesten Nennungen seines späteren Lieblingswortes »Platzanweiser(in)«. Naja, die Idee gibt nicht viel her.

Besser kommt da ein bißchen Fauna-Philosophie: **Mensch und Tier sind in einer Stufenfolge eingeordnet. Sie unterscheiden sich nur graduell.** (S. 57) Gut, wir wissen, der Mensch kann denken, aber was hat das Tier zu bieten?: **Das Tier hat Welt, aber es hat sich nicht in dieser Welt.** (S. 136) Hier sollten wir eine Viertelstunde Besinnungspause einlegen und nachdenken! Und dann sind wir reif für den nächsten Fakten-Block: **Neuere Forschungen, auch solche, die sich auf exakte naturwissenschaftliche Messungen stützen, haben gezeigt, daß von einer Natur, wie sie das Tier hat, beim Menschen nicht gesprochen werden kann.** (S. 131) Gemeinsam mit den Vertretern der unexakten Spekulations-Forschung sieht man weißgewandete Titelträger zwischen allerlei Laborgerät Mensch- und Tiernatur voneinander scheiden. Ohne Zweifel: **Der rein natürliche Mensch ist also eine Fiktion.** (S. 131) Der abartige ist realer, wie wir eigentlich schon aus dem Paarungsteil wissen.

Diese tiefe Einsicht will als Verpflichtung verstanden sein: **In der Erkenntnis der Beschränkung liegt der Verweis auf die Ergängzungsbedürftigkeit.** (S. 35)

Im Chaos versinken

Zur Übung der Selbstergänzung nehmen wir uns ein besonders schönes Blüm-Produkt vor: **Alle Willensmodifikationen modifizieren den einen Willen, der als vegetativer in allen Modifikationen abgewandelt wird. Alle Funktionen dieser Willensmodifikationen lassen sich auf die Grundfunktion, das Gefallen, zurückführen. Das Gefallen ist noch in der Gewohnheit enthalten, wenn auch verwandelt. Die Gewohnheit ist eine Komponente des Gedächtnisses, also auch im Gedächtnis aufbewahrt. Jede Funktion partizipiert demnach an der vorhergehenden, auf der sie, diese modifizierend, aufbaut. So müssen also im Gedächtnis auch Gefallen und Gewohnheit enthalten sein.** (S. 45) Wer da nicht ganz durchsteigt, ist noch zu sehr dem platt-naiv wirklichen Vegetativen verhaftet oder gerade nicht ganz bei sich. Er hat den Über-den-Eigen-Schatten-Sprung noch vor sich und auch das **Hinter-sich-Zurücktreten** (S. 136) des fortgeschrittenen Adepten. Für ihn gilt: **Vegetativ ist alles Leben, und lebendig ist alles Sein. Alles, was erscheint, bringt das Leben auf je eigene Weise zum Vorschein.** (S. 42)

Und dazu braucht man den anderen Menschen, den Nächsten: **Das Ohn-einander aber kann keine soziale Beziehung sein, sondern ist deren Negierung. Die auf den Mitmenschen gerichtete Feindschaft erreicht diesen in seinem Gegenübersein nur in Anerkennung seines Gegenüberseins.** (S. 127) Lieber Feinde als gar niemanden, weil in der Formenvielfalt des Sozialen **die Feindschaft als verneinendes Verhältnis noch eingeschlossen ist, zumindest wird sie ermöglicht durch das, was soziale Wirklichkeit in ihrem Sein ist.** (S. 127)

Lassen wir uns aber nicht hinreißen: **Eine allein auf Emotionen und Gefühlen aufbauende Gesellungsform würde im Chaos versinken.** (S. 142) **Die soziale Wirklichkeit ist also, insofern sie wirklich ist, ein bejahendes Verhältnis.** (S. 126) Pech, wenn die soziale Wirklichkeit gerade mal aus Trotz unwirklich ist und zum Chaos der Gefühlsgesellschaft gerinnt. Dann fängt wohl das Intermezzo der sozialen Unwirklichkeit an. Krieg und Feindschaft in dieser Welt? Reine Einbildung!

Plötzlich merken wir: **Körpersein und Leibsein sind im Menschen jedoch keine Alternativen, sondern in einer nicht weiter auflösbaren Verschränkung gegeben.** (S. 133/134) Moment mal: **Der Leib des Menschen ist also nicht Körper im animalischen Verständnis, und doch ist er auch dies: Körper, ...** (S. 133) Da kenn sich noch einer aus! **Der Mensch ist nicht, was er biologisch ist, er ist mehr, und dieses »mehr« ist nicht meßbar, weil es qualitativer Art ist.** (S. 134) Was ist der Mensch dann, also was ist er qualitativ mehr? Was ist der Mensch an sich und als solcher? **Bereits auf frühester, also noch primitiver Stufe der Menschheitsentwicklung ist der Kannibalimus nachweisbar, ...** (S. 132)

Relativ belanglos

Heute setzen wir da eher auf den Dialog, vor allem natürlich den mit der Jugend. Die Jugend braucht eine Perspektive, wir haben unsere, aber ihnen keine zu bieten. Glücklicherweise: **Die Perspektiven »Mein« und »Nicht-mein« verlieren im Gespräch ihre Eindeutigkeit.** (S. 137) Für den Dialog spricht überhaupt manches: **In der Form des Dialogs gelangt der Mensch zur stärksten Selbstgegebenheit. Der Mensch ist also sich selbst gegeben, indem er sich anderen gibt.** (S. 138)

Die so versöhnliche Aufweichung des Eigentumsbegriffs ist ohne Gedächtnis nicht möglich: **Die Rede als ein Instrument des Gedächtnisses liefert den Beweis für diese Behauptung, die sich aus dem System ergibt. Rede offenbart die Abhängigkeit des Gedächtnisses von den ihm vorgängigen Funktionen: Gefallen und Gewohnheit.** (S. 45) Man hört sich selbst gern reden und ist ein gewohnheitsmäßiges Schwatzmaul, braucht aber das Gedächtnis, um sich an die immer wieder gleichen 3-7 Geschichten und vegetativen Pointen seiner eindeutigen Witze zu erinnern. **Zeichen und Bedeutung der Worte, die Mittel der Rede sind, werden durch Gewöhnung gelernt. (S. 45)**

Allerdings: **Ohne Verwendung einer den Partnern gleichermaßen verständlichen Sprache ist Verständigung unmöglich. Die Bedingungen sind unerläßlich für das Zustandekommen des Gespräches. (S. 141)** Das ist vielen unserer Besten nicht gegeben. Diese greifen zum Monolog, wie Ferdinand Tönnies, dessen verworren schwierige Bücher besser zu verstehen Blüms Doktorarbeit eigentlich dienen soll: **Tönnies behielt zeit seines Lebens eine Vorliebe für das monologische Grübeln in der Zurückgezogenheit einer Gelehrtenstube. Selbst seine späteren Vorlesungen scheinen, (...), meist einsame Selbstgespräche in schwer verständlicher Diktion gewesen zu sein. (S. 19)** Wenn die Gesprächsopfer längst angeödet das Handtuch geworfen haben, bleibt den sprachgewaltigen Klugianen ein Ausweg, nicht der schlechteste: **Selbst in ihm (dem Monolog, d.V.), dem einsamen Selbstgespräch richten wir unsere Worte an ein fiktives Du, dem wir uns aussprechen, uns selbst zuhörend, von dem wir Widerspruch erwarten und Widerspruch erhalten. (S. 138)** Norbert, wie nahe du am Abgrund der Schizophrenie stehst! Aber kein Grund zur Panik für die Fan-Gemeinde! Unser Norbert kommt garantiert nie in die Psyche, denn schließlich liegen Genie und Wahnsinn nahe beieinander. **Der Monolog ist offenbar nichts anderes als eine Sonderform des Dialoges: Eine Form, die aus Mangel an einem Partner entsteht, oder die in einer Art Selbstverständigung auf den echten Dialog mit dem Partner vorbereitet. (S. 138)** Monolog mit der Jugend ist selbstverständliche Selbstverständigung mit der eigenen Jugend in jedem von uns: eine schöne neue Aufgabe für die Profi-Dialogisten der Wende. Wer im Stillen gelehrte Selbstgespräche führt, der stört wenigstens niemanden.

**Die Sozialpolitik eignet sich nicht für Dogmatiker und Schön-
schwätzer,** sagte Denker-Imitator Blüm dieser Tage. Was manch
einen allerdings offensichtlich nicht hat abhalten können. Blüms
Trost an seine Opfer: **Gesellschaftliche Arbeit ist eine Tätigkeit,
die als solche relativ belanglos ist; ...** (S. 97)

Dr. Christian Schwarz-Schilling

Dr. Christian Schwarz-Schilling

Es war ein schweres Erbe

Stets von Skandalen umwittert

Es war ein mal im alten China, so um 1000 nach Christus. **Die Regierung Kaiser Chen-tsungs zeichnete sich in zunehmendem Maße durch charakterliche Schwäche und politische Orientierungslosigkeit aus.** (S. 107) Wo ein Politiker-Darsteller entscheidungsschwach und perspektivenarm das Kabinett führt, da tanzen ihm allerlei andere auf der Nase herum. **Wang Ch'in-jo wurde schließlich (...) der allmächtige Mann im Staate, zu dem sogar Kaiser Chen-tsung geradezu in einem Hörigkeitsverhältnis stand.** (S. 106) Typen wie Strauß gewinnen eben hinter den Kulissen ihr Profil. Der Kaiser bemühte sich redlich, so unfähig er war, seine eigene Unfähigkeit zu vertuschen, ... **während Wang Ch'in-jo um diese Zeit seinen unverantwortlichen Unfug in T'ien-hoiung trieb und die Befehle des Kaisers sabotierte.** (S. 107)

Schwarz-Schilling, Christian: »Der Friede von Shan-Yüan (1005 n. Chr.) und seine Auswirkungen auf die Beziehungen zwischen dem chinesischen Reich und dem Liao-Reich der Kitan«. München, 1956.
Signatur: U 56.7036
(gut gemeint im Alter von 26 Jahren)

Ein erstaunlicher Bursche, dieser Wang: **Das Leben Wang Ch'in-jos, der sich in Politik, Literatur, Astrologie, Vulgärtaoismus, Hofintrigen, Zauberei, Geisterbeschwörungen und anderen Künsten gleichermaßen erfolgreich betätigte, war stets von Skandalen umwittert.** (S. 69) Hatte er sich nicht bestechen lassen wegen dieser Kampfflugkörper, hatte er nicht das wichtigste Nachrichtenmagazin beschlagnahmen lassen?

Aber ein einfaches Machtwort ohne Rücksichten konnte nicht die Lösung sein: **Der Kaiser hatte sich schon viel zu sehr festgelegt und konnte sich in dieser Frage, die schon lange zu einer Prestigefrage ersten Ranges geworden war, einen Kurswechsel schlecht erlauben.** (S. 74) Probleme in den eigenen Reihen, Versagen wo man hinsieht, das Volk draußen an den Bildschirmen (man kennt diese mit bunten Motiven bemalten chinesischen Lackarbeiten) zweifelte an den Führungs-Qualitäten. Minister rügen ihn öffentlich, man wirft ihm Führungsschwäche, reichlich Pannen und Versäumnisse bei den dringendsten Problemen und Entscheidungen vor. **In diesem Lichte scheinen die »Beratungen« im Kabinett weniger einer echten Aussprache als der Prestigesicherung des Kaisers gegenüber seinen Ministern gegolten zu haben: Der Kaiser wollte auf alle Fälle derjenige gewesen sein, der vom ersten Augenblick an davor gewarnt hat, (...) und die Minister sollten diejenigen gewesen sein, die ihn dazu überredet haben.** (S. 66)

Der Kaiser mußte offiziell stark tun: **Der Kaiser gab dabei eine Darstellung (...), der man wegen ihrer Einseitigkeit — um nicht zu sagen Großspurigkeit — kaum beipflichten kann.** (S. 83) Seine Selbstüberschätzung kannte keine geschmacklichen und sachlichen Grenzen: **... klar und deutlich brachte er damit zum Ausdruck, daß er sich zum Nachfolger der eben untergegangenen (...) Dynastie berufen fühlte ...** (S. 41), daß er sich als Enkel jenes großen Mannes fühlte, der vor nicht langer Zeit die Geschicke des Volkes geführt hatte. Dieses Selbsternennung zum geistigen Enkel kann übrigens auf eine lange Tradition zurückblicken: **Abgesehen von der christlich-mittelalterlichen Auffassung, daß zwischen allen regierenden Fürsten eine Art mystischer Verwandtschaft beste-**

he, war die offizielle hierarchische Abstufung aller Fürsten der Welt nach Verwandtschaftsgraden am ausgeprägtesten in Byzanz zu der Bedeutung einer politischen Institution gelangt. (S. 100)

Stadium des zivilisierten Genießens

Doch die klugen und ehrgeizigen Qualitäten des erfolgreichen Vorbildes waren ... **längst geschwunden; der Hof war in ein Stadium des zivilisierten Genießens getreten, das möglichst nicht gestört werden sollte.** (S. 46) So saßen sie denn alle Probleme aus, und alle hohen Herren machten sich der Reihe nach lächerlich und lächerlicher. Das hielt sie allerdings nicht davon ab, sich in blumenreicher, stilblütendurchsetzter Sprachlichkeit dem Selbstlob hinzugeben und ihre wahrhaft schwachen Leistungen zu Rekorden zu schönen: **Außerdem ist es nicht uninteressant, die betreffenden Ereignisse hier in einer Form dargestellt zu finden, die an Pathos, wie es im Stil dieser Inschriften entspricht, und an einseitiger Fixierung (...), wie sie extremer kaum gedacht werden kann, nichts zu wünschen übrig läßt.** (S. 10) Für das eigene Versagen fehlte es nie an Entschuldigungen: **Es war ein schweres Erbe, was er da übernehmen mußte ...** (S. 43) Und obendrein hinderten interne Querelen: **Die nächsten Jahre vergingen mit der Unterwerfung der Sonderstaaten im Süden.** (S. 43)

Bei aller Sympathie — Sprache ist verräterisch — erkannten bald selbst die dem Kaiser Gewogenen inmitten des umständlichen Wortwustes, daß ... **bei einem so diffizilen Thema wie Politik und Diplomatie — wo das Wichtigste manchmal nur zwischen den Zeilen steht ...** (S. VII) Und da stand nur Müll.

Garantie für einen guten Posten

Mehr Menschlichkeit in die Politik hat der Kaiser allerdings gebracht, und den sachnatürlichen Freundesfilz der Unfähigen: **Daß »gute Beziehungen« die beste Garantie für einen guten Posten im diplomatischen Dienst sind, scheint eben zu sehr in der Natur der Sache zu liegen, als daß es irgendwo einmal anders sein könnte!** (S. 135) Richtig!: niemals und nirgends! Gute Ausrede übrigens, sollte man sich merken! Alle bekamen sie viel zu niedrige Diäten, gemessen am eigenen Geldbedarf natürlich. **Wenn man die Nebenverdienste der damit betrauten Beamten dazurechnet, wird man diese Zahlen getrost um mindestens ein Drittel erhöhen können, zumal die Nebengewinne der Beamten als legitimer Ausgleich für die viel zu niedrig bemessenen Beamtengehälter dienten und damit dem Staate indirekt auch wieder zugute kamen.** (S. 117) So erspart die weit aufgehaltene Hand dem Staat die Sorge um den einen oder anderen Sozialfall.

Wenn trotz sorgfältig geschlossener Augen dennoch etwas sichtbar wurde, dann mußte zweierlei Maß gelten: **Während die aufgegriffenen Privathändler ihren Strafen zugeführt wurden, konnten die im großen Maßstab selber schwarzhandelnden Beamten in den wenigsten Fällen zur Verantwortung gezogen werden.** (S. 123) **Dieser Rollenverteilung sind die Beteiligten auch späterhin treu geblieben ...** (S. 66)

Vor nicht langer Zeit noch hatte sich ein Gutteil des Volkes nach an sich schon ziemlich desolaten Jahren eine »Wende« gewünscht. **Jetzt konnten die Chinesen jenen Jahren kaum anders als einer »guten alten Zeit« nachtrauern.** (S. 112)

Der traurige Rest

Beim Herumdoktorn geht es um die Erlangung eines Titels. Einmal im Kasten, für immer pflegeleicht vor dem Namen tragbar. Da kann man keine aufregenden Schriften mit neuen Gedanken erwarten, gut lesbare schon gar nicht. Kreativität und Deutsch haben nichts zu suchen in deutschen Dissertationen. Denn wer auf Individualität, Profil und »neu« setzt, riskiert alles in der deutschen Elite-Landschaft und kann kaum etwas gewinnen. Das mit der Brillianz lassen wir also lieber.

Die Doktorarbeiten unsere Regierungs-Elite fallen jedoch selbst aus diesem weit gesteckten Rahmen staubtrockener Fadheit. An Dummdeutsch, Stilblüten und höchst seltsamen Perspektiven nicht zu schlagen, dokumentieren Kohl und Co., wie man das Wort Elite mißverstehen kann.

Aber nicht alle Dissertationen unserer Wender sind vor der Erfindung der Intelligenz getippt worden. So kann man beispielsweise auch beim schlechtesten Willen in Stoltenbergs Arbeit über die Geschichte des Deutschen Reichstages 1871-73 keine eisenharten Kalauer ausmachen. Nicht, daß das Werk sonderlich interessant wäre, aber der Mann hat seinen Doktor sicherlich solide verdient.

Christian Schwarz-Schilling ist als Minister unbestritten der typische Fall von Versager. Als Umweltvergifter und als Chinaspezialist hat er sich allerdings erfolgreich profilieren können. Sein Schlitzaugen-Fachbuch über den Dauerstreit zwischen den kultivierten Chinesen und den primitiv brutalen Hunnen liest sich streckenweise sogar fast interessant und gibt etliche Anstöße zum Verständnis des Ewig-Politischen.

105

Heinz Riesenhuber untersucht ein naturwissenschaftliches Problem, das Verhalten von kristallinen Eisenverbindungen. Man muß allerdings Fachmann sein, um irgendwas damit anfangen zu können.

Auch Irmgard Adam-Schwaetzer macht in Chemie, »Derivate des 4-Azaphenantrenringsystems durch intramolekulare Cyclisierungsreaktion. Synthese von substituierten 1,2,3,4,7,8,9,10-Octahydro-5,6-benzochinolinen«. Nur Versuchsbeschreibungen, auch das mag wohl als wissenschaftlich astreine Leistung durchgehen.

Letzter Könner in der Wende-Runde: Biedenkopf, der Mann, der eigentlich zuviel Hirn hat, um in einer solchen Partei mitzumischen.

Ansonsten haben wir es nur mit verschreibungspflichtigen Schlafmitteln zu tun, die sich an Langeweile kaum überbieten lassen. Sie alle sind farbloser als destilliertes Wasser, eine Qual, sie lesen zu müssen.

Wenn sich Dregger beispielsweise in Sachen Schwindelfirmen ergeht, vermutet man falsch, geht man davon aus, daß dies ein sicherer Bringer sein muß. Wir erfahren zwar, daß sich **die Genossenschaft zu Schwindelgründungen nicht eignet** (S. 29) und **die späteren Mitglieder der AG (...) meist hilfloser den betrügerischen Manipulationen der Gründer (...) ausgesetzt (sind), als die späteren Mitglieder der GmbH**(S. 28) sowie einige Tricks, wie man Gründer schon **vorher zum Verzicht auf unsaubere Geschäfte veranlassen ...** (S. 32) kann. Wenn er dann aber über die »juristische Person« abschwafelt und endlos die Probleme von Fußballverein und Aktiengesellschaft zwischen Gründungsversammlung und amtlicher Eintragung in irgendeine Register-Rolle zelebriert, ja dann wirft man den Dregger doch schon weit vor der Halbzeit zurück ins Regal.

Nicht anders bei Schäuble, Waigl oder Wilms.

Richard von Weizsäcker — »Der faktische Verein« — hat wieder mal Glück gehabt. In der Bibliothek hätte ich mir das Prachtstück zwar ansehen können, allerdings nur in der abgeteilten Sonderlesezone. Kopieren war nicht erlaubt, Mitnehmen auch nicht.

Zuviel der Ehre für unseren eleganten und berufs-integeren Volks-chef. Da habe ich es mir geschenkt, das Ding überhaupt in die Finger zu nehmen.

Beschaffung

Radikale Fans der Wende-Disserteure können sich die authenti-schen Doktorarbeiten zum privaten Dauerspaß besorgen. Einfach in die nächste Bücherei gehen und von dort aus per Fernleihe das entsprechende Werk bestellen. Es kann manchmal ein paar Wo-chen dauern.

Unsere restlichen Führer und was sie sich aus den Fingern saugten:

Riesenhuber, Heinz: »Gitterstörungen im mikrokristallinen FePO4«. Frankfurt, 1965.
U 65.3832
Schäuble, Wolfgang: »Die berufsrechtliche Stellung der Wirt-schaftsprüfer in Wirtschaftsprüfungsgesellschaften«. Freiburg i.B., 1971.
U 71.4114
Stoltenberg, Gerhard: »Der deutsche Reichstag 1871-1873. Ein Beitr. zur Gesch. d. dt. Parlamentarismus«. Kiel, 1954. Als Buch: »Beiträge zur Geschichte des dtsch. Parlamentarismus und der politischen Parteien«, Bd. 7. Droste Verlag, Düsseldorf, 1955.
Waigl, Theodor: »Die verfassungsmäßige Ordnung der deut-schen, insbesondere der bayerischen Landwirtschaft«. Würzburg, 1967.
U 67.14198
Wilms, Dorothee: »Das makro- oder mikroökonomische Ver-fahren in der Nationalökonomie«. Köln, 1956.
U 56.5125

Schwaetzer, Irmgard: »Derivate des 4-Azaphenantrenringsystems durch intramolekulare Cyclisierungsreaktion. Synthese von substituierten 1,2,3,4,7,8,9,10-Octahydro-5,6-benzochinolinen«. Bonn, 1971.

U 71.2588

Albrecht, Ernst: »Investitionsprobleme der Montangemeinschaft«. Bonn, 1959.

U 59.951

Dregger, Alfred: »Haftungsverhältnisse bei der Vorgesellschaft. Die Rechtswirkungen der f. AG, GmbH, Genossenschaft und Verein vor ihrer Eintragung in d. Reg. vorgenommenen Rechtshandlungen«. Marburg, 1950.

U 50.5222

Weizsäcker, Richard Freiherr von: »Der faktische Verein«. Göttingen, 1955.

U 55.3162

Schimke, Helga: »Das Abschiedsmotiv in der deutschen Liebeslyrik vom Mittelalter bis zum Ausgang des 18. Jahrhunderts«. Hamburg, 1950.

U 50.3442(= Helga Wex)

Biedenkopf, Kurt H.: »Vertragliche Wettbewerbsbeschränkung und Wirtschaftsverfassung. Die Aussschließlichkeitsbindung als Beispiel«. Frankfurt, 1958.

U 58. 1986. Als Buch: Heidelberg, Verl.Ges.»Recht und Wirtschaft« (1958), 248 S.

Dollinger, Werner: »Die Wandlungen und die Strukturveränderungen in Deutschlands Industrie und Handwerk sowie in Handel und Verkehr samt den Ursachen, dargestellt an Hand der Volks-, Berufs- und Betriebszählungen von 1925-1933«. Nürnberg, 1943.

U 43.5308

Jenninger, Philipp-Hariolf: »Die Reformbedürftigkeit des Bundesverfassungsgerichtes«. Tübingen, 1958.

U 58.7450

Die Signatur aus dem Verzeichnis der Hochschulschriften ermöglicht die rasche und sichere Bestellung der Arbeiten über jede Bibliothek.

Bewerbungsschreiben

Absender:

Name ....

Straße ....

PLZ/ Ort ....

Datum: ....

Bundeskanzler Dr. Helmut Kohl
— Bundeskanzleramt —
5300 Bonn 1

Betrifft: Bewerbung

Sehr geehrter Herr Dr. Kohl

Hiermit bewerbe ich mich um die demnächst freiwerdende Stelle als (Zutreffendes bitte ankreuzen, Mehrfachnennung möglich und erwünscht):

☐ Bundespostminister (Schwarz-Schilling-Stuhl)
☐ Bundesinnenminister (Zimmermann-Stuhl)
☐ Bundesverteidigungsminister (Wörner-Stuhl)
☐ oder folgende andere Ministertätigkeit:

....

....

....

....

Meine Qualifizierung:

Ich spreche fließend
☐ Dialekt
☐ Latein
☐ Dummdeutsch

Doktortitel
☐ liegt vor
☐ ist bei einer renommierten Firma in Arbeit

Ich bitte um baldige Nachricht und einen Vorstellungstermin.

Mit freundlichen Grüßen

Bei Negativbescheid von Schäuble (»Wirtschaftprüfer«) sollte man in die Qualifizierungsoffensive gehen:

Coupon

An
Berliner Elite Institut (BEI)
Sachsenhäuser Landwehrweg 293
6000 Frankfurt 70

Ja, ich bin unterqualifiziert! Ja, ich interessiere mich für einen Doktortitel! Egal in welchem Fach, Hauptsache amtlich und nicht zu teuer. Bitte schicken Sie mir detailliert präzisiertes Informationsmaterial:
— was es kostet
— wie gefährlich es ist

Ich interessiere mich speziell für eine
— staubtrockene
— dummdeutsche
— kleinstkarierte
— schwülstige
— unpersönliche
— unverabgewartigte
— bangemannmäßige

Ausführung

— Kein Vertreterbesuch! —

Name: ....
Straße: ....
PLZ/ Wohnort: ....
Einkommen: ....

Gehen Sie in die Qualifizierungsoffensive!